DON BOSCO

Monika Lehner

FASCHING, FASTNACHT & KARNEVAL

feiern mit Ein- bis Dreijährigen

DON BOSCO

Gerne nehmen wir Ihre Anregungen, Wünsche, Kritik oder Fragen entgegen:
Don Bosco Medien GmbH, Sieboldstraße 11, 81669 München
Servicetelefon: (0 89) 4 80 08-3 41

Bibliografische Information der Deutschen Nationalbibliothek
Die Deutsche Nationalbibliothek verzeichnet diese Publikation in der Deutschen Nationalbibliografie; detaillierte bibliografische Daten sind im Internet über http://dnb.d-nb.de abrufbar.

1. Auflage 2012 / ISBN 978-3-7698-1903-8

www.donbosco-medien.de
Umschlag: Manfred Lehner, BlueCat Design
Umschlagfoto: Manfred Lehner
Layout: ReclameBüro, München
Illustrationen: Antje Bohnstedt
Notensatz: Nikolaus Veeser, Schallstadt
Satz: Don Bosco Kommunikation, München
Druck: Don Bosco Druck & Design, Ensdorf

Gedruckt auf umweltfreundlichem Papier

Inhalt

Kleine Kinder feiern Feste

Feste gehören als Höhepunkte mit in den Alltag. Sie machen einen Tag, eine Stunde zu etwas Besonderem, Herausgehobenem. Für kleine Kinder ist alles neu! Ob beim Martinsfest mit seinen bunten Laternen, beim Nikolausbesuch oder im Advent mit seinem strahlenden Höhepunkt am Weihnachtsabend, ob im lustigen Faschingstreiben oder bei der Eiersuche zum Osterfest – die Kinder kommen mit den traditionellen Festen in Berührung, lernen ihre Symbolik kennen und erleben ihre jeweils ganz besondere Stimmung. Und das in einem Alter, in dem ohnehin das Alltägliche schon sensationell ist! Ein einfacher Spaziergang, der Besuch beim Bauern oder ein Bilderbuch bieten jeweils ganz neue Sinneseindrücke und Erfahrungen. Langsam machen sich die Ein- bis Dreijährigen ein Bild von der Welt ... und eben auch von den traditionellen Festen. Wir dürfen die Kinder auf diesem Weg begleiten.

Es geht um die Kinder!

Zentrales Anliegen der Buchreihe „Kleine Kinder feiern Feste“ ist es, die Ein- bis Dreijährigen ins Zentrum der Festplanung und -durchführung zu stellen. Sie sind die Hauptpersonen – generell in der Krippe oder Kita und ganz besonders bei Festen. Immer wenn wir uns sensibel auf die kleinen Kinder einlassen, werden wir die pädagogische Arbeit mit Ein- bis Dreijährigen als vielfältig, reich, sinnvoll und mit viel Freude verbunden erfahren. Diese Freude ist im Alltag, im täglichen Zusammensein mit den Kindern genauso zu erleben wie an Festtagen.

Nehmen wir uns bei der Festgestaltung ein Beispiel an der gutmütigen „Henriette Bimmelbahn“ von James Krüss! Ein Fest soll kein Schnellzug sein, der an den Kindern vorbei- oder gar über sie hinwegrauscht, nur am „Fahrplan“, also an sich selbst und seinen festen Traditionen orientiert. Lieber ein gemütlicher Bummelzug, der die Kinder einsteigen lässt, wo und wann sie können und möchten, und der sie bei Bedarf, bei Überforderung oder Irritationen, wieder aussteigen lässt und dafür die Fahrt kurz unterbricht.

Zur Buchreihe

Die Bücher der Reihe „Kleine Kinder feiern Feste" wenden sich an alle, die im Rahmen von Kita und Eltern-Kind-Programm mit der Altersstufe eins bis drei befasst sind.

Die pädagogischen und praxisorientierten Ausführungen zu den einzelnen Festen basieren auf der Auseinandersetzung mit Ein- bis Dreijährigen, ihrer Wahrnehmung und Weltsicht, ihren Empfindungen und Bedürfnissen. Die Praxis ist gestützt von pädagogischem Hintergrundwissen, eigenen Gedanken und Reflexionen, die Theorie von der täglichen Praxis und reflektierter Erfahrung durchdrungen. Die Bücher sind so nicht eigentlich am *Schreibtisch* entstanden, sondern sozusagen im *Bodenkreis* – ganz nah bei den Kindern.

Die Bücher bieten eine brauchbare pädagogisch-praktische Melange, die auch ein wenig zum Nachdenken und zur Überprüfung eigener pädagogischer Standpunkte anregen soll. Alle praktischen Anregungen, seien es Lieder, Fingerspiele oder Bastelvorschläge, gehen auf langjährige Berufserfahrung mit Ein- bis Dreijährigen zurück, sind erprobt und orientieren sich an den Entwicklungsaufgaben und -themen, an den Möglichkeiten und Grenzen der kleinen Kinder.

In der fachlich-pädagogischen Arbeit mit Ein- bis Dreijährigen, im Zusammensein mit kleinen Kindern, stehen weder die originelle Idee, noch das jeweilige Fest im Vordergrund, sondern zuallererst das Kind. So wird aus den einzelnen Büchern jenseits des Themenschwerpunkts des jeweiligen Festes immer auch viel allgemeine Krippenpädagogik herauszulesen sein – übertragbar und anwendbar. Dies war mein Anliegen und ist meine Hoffnung.

Monika Lehner

Fasching, Fastnacht & Karneval feiern mit den Jüngsten

Luftschlangen und Girlanden, Krapfen und Konfetti, Rollen und Masken, Toben und Lachen, Zaubertrank und Hexentanz!

Nicht nur der Festekalender, auch die Kinder machen nach der ereignisreichen Weihnachtszeit eine kleine Pause. Nach Tannenschmuck und Sternenfunkeln sind die Wände der Kita ein wenig kahl geworden. Winterbilder in gedeckten Naturfarben und viel Weiß bestimmen das Bild der Räume. Schnee und Eis sind für alle Kinder, auch die Jüngsten, ein großes Thema. Dem jahreszeitlichen Erleben geben wir Raum im Kita-Alltag. Wir genießen die heimelige Zeit in unseren Räumen, während draußen die Schneeflocken tanzen, gehen aber auch gerne und oft nach draußen. Dick eingemummt stapfen die Kinder im Schnee – oder Schneematsch – und rutschen vergnügt einen kleinen Hügel hinunter.

Doch auch der schönste und gemütlichste Winter hat ein Ende und am jahreszeitlichen Übergang zum Frühling steht Fasching, Fastnacht, Karneval im Festekalender. Fast die ganze Welt feiert in unterschiedlicher Ausprägung diese „närrische Zeit“ – da wollen wir in der Kita nicht hintanstehen. Behutsam an das Spiel mit Masken und Rollen herangeführt, erleben schon die Ein- bis Dreijährigen eine lustige und lustvolle so genannte „fünfte Jahreszeit“.

Historisches und Brauchtum

Der Fasching läutet die Fastenzeit ein

Das Wort Fasching ist im Hochdeutschen bereits ab dem 13. Jahrhundert bekannt. Es bezeichnet ursprünglich die Nacht vor Beginn der vierzigtägigen Fastenzeit als christliche Vorbereitungszeit auf das Osterereignis, die Auferstehung Christi. Am deutlichsten hört man diese Bedeutung im Wort „Fastnacht“ oder „Fassnacht“. Aber auch der „Karneval“, der in seiner Wortbedeutung wahrscheinlich auf „Lebwohl Fleisch – carne vale“ hindeutet, bezieht sich auf die folgende Fastenzeit, in der Fleisch- und zum Teil Alkoholgenuss mehr oder weniger streng verboten waren.

Gegenwärtig wird vielfach auch von nicht-religiösen Menschen die Zeit zwischen Aschermittwoch und Ostern als Entsagenszeit eingehalten, meist bezogen auf einen individuell gewählten Verzichtsinhalt – sei es eine vorübergehende Alkohol-, Konsum- oder Medienabstinenz. Der religiöse Zeitrahmen wird für ein allgemeines Bedürfnis nach Mäßigung und zeitweiliger Askese genutzt: Das Ziel ist körperliche und geistige Entschlackung oder man möchte einfach ein wenig abspecken – die Frühjahrskur als weltliche Schwester der Fastenzeit.

Offiziell beginnt der Fasching schon am 11. November. Seine Hochphase liegt jedoch in der Fastnachtswoche rund um den „unsinnigen" oder auch „lumpigen" Donnerstag, auch bekannt als Weiberfasching, sowie den rußigen Freitag, dem darauf folgenden turbulenten Faschingswochenende und dem absoluten Höhepunkt am Rosenmontag. Am Faschingsdienstag, dem „fetten Dienstag", wird bis Punkt Mitternacht ausgelassen Abschied von der närrischen Zeit gefeiert, die rituell zu Grabe getragen wird. Symbolisch werden beim Kehraus sowohl die Räume als auch Körper und Seele der Feiernden von Übermut, Schabernack und „allzu gutem" Leben gereinigt.

Am Aschermittwoch beginnt die vierzigtägige Fastenzeit vor dem Osterfest, das immer auf den Sonntag nach dem ersten Frühjahrsvollmond fällt. Von daher ist die Faschingswoche keinem festen Datum zuzuordnen.

Spiel mit der Identität und Aussetzung geltender Regeln

Ob Fasching, Fastnacht oder Karneval, allen gemeinsam ist ein reiches, fest im Volk verankertes Brauchtum mit der klassischen Maskerade auf Kostümfesten und -umzügen. Versteckt hinter einer Verkleidung kann jeder mit der eigenen Identität spielen. Gut getarnt und gesellschaftlich anerkannt kann man im Fasching Seiten von sich zeigen, die man vielleicht im Alltag nicht zu offenbaren wagt. Zum anderen beinhaltet die närrische Zeit Ausgelassenheit, Regellosigkeit und die zeitweise Ausschaltung hierarchischer Gefüge. Ursprünglich wurden Spottreden auf die Obrigkeit bei den von den Handwerkszünften veranstalteten Fastnachtsfeiern gehalten. Später wurde dieses Gleichheitsprinzip vom Bürgertum übernommen. Es findet sich heute etwa in den oft recht respektlosen Büttenreden wieder. Auch die Weiberfastnacht, mit dem frechen Abschneiden der Herrenkrawatten, symbolisiert die Umkehrung der gesellschaftlichen Machtverhältnisse zwischen den Geschlechtern. Die Regellosigkeit findet dabei recht „geregelt" statt und wird dadurch zum gesellschaftlich anerkannten und nützlichen Ventil.

Faschingstraditionen

Ein weiterer Aspekt des Faschingsbrauchtums ist im jahreszeitlichen Übergang vom Winter zum Frühling zu suchen. In Süddeutschland wird der Winter beispielsweise beim Lauf der Perchten mit furchterregenden Fratzen und gehörigem Lärm aus dem Land gejagt. In vielen Masken, Figuren und Bräuchen scheinen sich auch vorchristliche, zum Teil keltische, Rituale erhalten zu haben.

Jedes Fest bildet seine ganz eigenen kulinarischen Spezialitäten heraus. Besonders die in Fett oder Schmalz herausgebackenen Berliner Pfannkuchen oder Krapfen sind für Fasching und Karneval charakteristisch. Kurz vor der asketischen Zeit werden also gerade jene üppigen Speisen und Zutaten verzehrt, die während der Fastenzeit traditionell nicht erlaubt sind.

Kein Platz für „Faschingsmuffel" in der Kita

... und die Faschingsmuffel? Sie erleben die närrische Zeit als verordnete Lustigkeit und pflichtschuldige Ausgelassenheit ... und von Krapfen bekommen sie Sodbrennen. Diese keineswegs seltene Spezies geht allerdings im allgemeinen Konfettiregen und Helau meist unter.

Sollten Sie persönlich zu den Faschings- und Karnevalsskeptikern gehören, lassen Sie es sich in der Kita nicht anmerken. Die Kinder sollen an das Brauchtum herangeführt werden und wissen noch nichts von gesellschaftlichen Pflichten. Vermitteln wir ihnen Freude am Masken- und Rollenspiel, Spaß am Singen, Tanzen und Toben. Die Fröhlichkeit der Kinder strahlt zurück und bekehrt jeden Antikarnevalisten.

Kinderfasching und Entwicklungsalter

Fasching „light" für die Jüngsten

Gerade der Zugang zu Karneval und Fasching sollte altersdifferenziert gesehen werden. In der Regel legen ein- bis zweijährige Kinder großen Wert darauf, *nur* ihre eigenen Kleidungsstücke zu tragen. Ein Tausch oder eine Veränderung in diesen Zugehörigkeiten kann bei einzelnen Kindern ausgesprochen verunsichernd wirken. Und warum sollten einjährige Kinder jemanden oder etwas anderes darstellen wollen? Ihre ganze Entwicklung ist darauf ausgerichtet, sie selbst zu sein und zu werden.

Verwandeln, verbergen, verschwinden

Verwandeln, verbergen, verschwinden – in der Wahrnehmung kleiner Kinder vermischen sich diese Aspekte der Kostümierung. Verkleiden sich kleine Kinder, so sind sie für diesen Moment wirklich jemand oder etwas anderes. Sie selbst, ihre eigene, oft noch unsichere Identität „verschwindet" gleichsam. Dieses Thema taucht im Kleinkindalter etwa im elementaren „Kuckuck-Spiel" auf. Die Augen werden mit einer Hand verdeckt und wieder enthüllt. Der Vorgang wird mit einem überraschten „Kuckuck!" begleitet, ein großer und wichtiger Spaß für die Kleinen! Das Kuckuck-Spiel zeigt die Freude kleiner Kinder am „Verschwinden" und vor allem am „Wiederkommen". Die kleine Unsicherheit des Verschwindens wird immer wieder freudvoll aufgelöst und vermittelt Vertrauen in die Bezugsperson und damit Vertrauen ins Leben.

Verkleidung und Verwandlung ist für einjährige Kinder keine naheliegende Angelegenheit. Für sie ist es schlicht noch nicht an der Reihe, in eine

andere Rolle zu schlüpfen. Stecken die Kleinen auch in süßen Käfer- oder Mäusekostümen, handelt es sich mehr um „angezogen sein“ als um „verkleidet sein“. Die Verwandlung bleibt äußerlich. Das wird kaum schädlich sein, so lange sich die Kinder in ihrer Faschingskleidung wohlfühlen. Empfinden sie schon ein wenig innere Verbindung mit ihrem Kostüm, ist es umso besser. Der Übergang zwischen kindlichem Selbstverständnis und sinnunterlegender Benennung und Spiegelung der Maskerade durch ihre Umwelt ist hier fließend.

Die Altersmischung in der Kita erfordert einen Kompromiss in der Festvorbereitung und -gestaltung. Stellt man sich eine Kitagruppe ausschließlich mit Einjährigen vor, würde man wohl auf ein Faschingsfest verzichten. Da dies aber kaum die Realität ist, versuchen wir die Jüngsten behutsam mit dem Thema in Berührung zu bringen. Unsere Aufgabe liegt in dieser Altersstufe darin, die Kinder in ihrer Entwicklung wahr- und anzunehmen und unseren karnevalistischen Eifer dabei zu zügeln.

Kleine Kinder reagieren häufig äußerst verunsichert und mit Ängsten auf Veränderungen. Muten wir ihnen also nicht zu viel Irritation im Fasching zu und stellen das Empfinden und Erleben der Kinder in den Vordergrund.

Dreijährige entwickeln Spaß an der Verwandlung

Für Zweijährige beginnt sich die Sache mit der Verkleidung und Verwandlung schon ein wenig mehr zu erschließen, wobei das eigentliche Bedürfnis nach Verkleidung und die Lust am Spiel mit den Rollen und Masken erst beim dreijährigen Kind so richtig entsteht.

Manche kleinen Kinder schlüpfen in diesem Alter gern in die Schuhe anderer Kinder oder Erwachsener und empfinden sich damit auch ein wenig wie der oder die andere. Sie fühlen sich in der Regel schon recht sicher in ihrer eigenen Rolle und Identität und spiegeln sich an anderen Rollenvorbildern. So beginnen sie zu erkennen, wer und was sie vielleicht einmal werden: „Ich werde einmal eine Frau / ein Mann.“ Langsam begreifen sie Entwicklung und Veränderung und nähern sich diesem Phänomen spielerisch.

Spontan verändern sie etwa während der Brotzeit ihre Rollen, werden Mama und Papa oder tauschen einfach ihre eigenen Identitäten aus. Dies muss zu keinem aufwändigem Rollenspiel führen, kann mitunter nur ein paar Minuten andauern und kommentarlos wieder enden. Im ganz alltäglichen Geschehen und quasi nebenbei verwandeln sich die Kinder in für sie relevante Figuren, sei es ein Bauer, der Traktor fährt, oder ein wild brüllender Tiger.

Für dieses Rollentauschspiel brauchen die Kinder weder Verkleidung noch Schminke. Die Attribute der Faschingsphase geben dem Bedürfnis und der spontanen Befähigung zur Verwandlung lediglich einen zusätzlichen Rahmen. Die Kinder werden mit Hilfe einiger weniger unterstützender Requisiten zu Hexen und Zauberern, zu Tigern und Marienkäfer, zu Lokomotivführern und Prinzessinnen.

Motto – ja, nein oder jein?

Bei der Planung für die Faschingszeit wird sich das Kita-Team zunächst überlegen, ob das Kostüm- und Maskenfest unter ein bestimmtes Motto gestellt oder als freies Spiel mit den Verkleidungswünschen der Kinder begangen wird.

Entspricht das Motto den Bedürfnissen der Kinder?

Motto-Feste bieten selbstverständlich eine wunderbare Möglichkeit für eine umfassende und tiefe Auseinandersetzung mit dem gewählten Thema. Überdies erlauben sie eine thematisch durchgängige Raumgestaltung, sozusagen „aus einem Guss“.

Reflektieren wir dabei aber genau, ob das Motto dem Wunsch und den Ideen der Erwachsenen entspricht oder aus den Bedürfnissen, Wünschen und Ideen der Kinder entwickelt wurde. Wird das vorgegebene Thema dem noch sehr tastenden, elementaren Umgang der Ein- bis Dreijährigen mit dem Verwandlung- und Verkleidungsthema gerecht? Sind wirklich alle Kinder mit dem gewählten Motto zufrieden? Kann das Kostüm des Mottos für jedes Kind den verborgenen

Zweck der Verkleidung bedienen – sich stark zu fühlen, sich schön zu fühlen, gefährlich oder anschmiegsam zu sein, endlich mal frech oder schüchtern sein zu können/dürfen? Eine andere Überlegung ist, ob die Bindung an ein Fest-Motto die gewisse Freiheit und Regellosigkeit, die jedem Faschingstreiben innewohnt, nicht unnötigerweise eingeschränkt.

Oft wird in der Arbeit mit größeren Kindern (im Kindergarten) für die Faschingszeit ein Motto – etwa Gespensterschloss – gesetzt und zusätzlich zur Mottoparty noch ein weiteres Kostümfest ohne Themenvorgabe angeboten. Diese Lösung scheint jedoch für kleine Kinder wenig praktikabel, da zwei Feste für Ein- bis Dreijährige praktisch und emotional überfordernd sind. Die kleinen Kinder sollten in der ohnehin turbulenten Karnevalszeit nicht durch zu viele Reize überstrapaziert werden.

Ein Motto für die Raumdekoration, nicht für die Kostümwahl

Nichts spricht jedoch dagegen, die Räumlichkeiten unter einem bestimmten Motto zu dekorieren. Vielleicht wird zentral eine riesengroße Raupe aufgehängt, und die Kinder basteln dazu viele kleine bunte Raupenkinder, die lustig an den Wänden auf- und abkrabbeln. Oder es wird das Hexenthema dekoriert, mit einer gemalten oder genähten Hexe auf einem Reisigbesen und mit vielen lustigen, bunten Besen an Decke, Wänden und Fenstern (··· *Raupe, Hexe & Co – Unsere große Faschingsfigur,* Seite 33f)

Das jeweilige Thema *kann* von den Kindern bzw. ihren Eltern bei der Kostümwahl aufgegriffen werden, *muss* aber nicht. Ein Tiger und eine Prinzessin können doch ganz wunderbar inmitten einer Hexendekoration tanzen, spielen und toben!

Welche Themen eignen sich für Ein- bis Dreijährige?

Entscheidet sich das Team für ein Mottofest, so eignen sich für die Ein- bis Dreijährigen einfache Themen aus der kleinkindlichen Vorstellungswelt. Diese ist zum einen von ersten Erfahrungen und eigenem Erleben geprägt und schöpft andererseits aus dem Bild- und Geschichtenmaterial, das den Kindern im Elternhaus oder der Kita vermittelt wird. Die Themenwahl sollte sich freundlich und elementar gestalten, ganz nah am kindlichen Erleben. Unnötiges Vorgreifen auf das Kindergartenalter ist zu vermeiden – weder Ritterburg noch Gespensterschloss sind daher für die Altersstufe passend.

Steht das Faschingsfest unter einem bestimmten Motto, muss das jeweilige Thema samt seinen denkbaren Kostümierungsvarianten gut mit den Kindern vorbereitet werden. Die Kinder werden sonst leicht zu Statisten in reich geschmückter Kulisse – dabei sind sie doch die Hauptpersonen beim Fest!

Folgende Themen eignen sich als Faschingsmotto:

- Raupe Nimmersatt
  (allerlei Raupen)
- Bauernhof
  (Bauer, Bäuerin, Haus- und Hoftiere)
- Frühlingswiese
  (Blumenkinder, Käferchen, Bienen, Blütenfee und Wurzelkinder)
- Zaubergarten
  (Hexen, kleine Zauberer, Feen)
- Kleiner Zoo
  (Löwe, Affe, Pinguin …)
- Katz & Maus
  (Mäuschen, Katze, Löwe, Tiger)

Nehmen wir die Eltern mit an Bord

Rechtzeitige Information der Eltern

Einen entscheidenden Beitrag zum gelungenen Faschingsfest in der Kita können die Eltern leisten. Früh genug werden sie über den Termin des geplanten Festes informiert, verbunden mit der Mitteilung über eventuelle Schließtage der Einrichtung rund um die Karnevalstage. In einigen Bundesländern sind Winter- bzw. Faschingsferien zu berücksichtigen. Sollte gerade ein Elternabend anstehen, kann das Thema dort besprochen werden. Die notwendigen Infos lassen sich aber auch mit einem lustig gestalteten Plakat am schwarzen Brett und persönlichen kurzen Gesprächen zwischen Tür und Angel vermitteln.

Sorgsame Vorbereitung auf die Kostümierung in der Familie

Entscheiden wir uns für ein spezielles Faschingsmotto, werden wir die Kinder in der Kita an das Thema heranführen und sie mit den Figuren bekannt machen. Bei freier Kostümwahl hingegen bitten wir die Eltern, sich etwa eine Woche vor dem Fest in der Kita mit dem Verkleidungswunsch der Kinder zu befassen. So laufen die Vorbereitungen zum Thema in der Kita und in der Familie parallel. Vielleicht überlegen die Eltern, welche Figuren aus Bilderbüchern oder welche Tiere ihre Kinder besonders lieben. Oft ist auch schon ein Held oder eine Heldin aus einem Bilderbuch oder einer Kinderserie (aktuell etwa „Prinzessin Lillifee“ oder „Bob der Baumeister“) für die Kinder faszinierend. Ist das mögliche Thema für eine Verkleidung gefunden, sollte schrittweise oder auch nur mit einem markanten Utensil die Maskerade angebahnt werden. Für kleine Kinder reicht oft ein Stirnband aus Fell oder ein an die Rückseite eines T-Shirts genähter Schwanz aus Fell- und Lederresten, um etwa eine Tierfigur zu symbolisieren. Um sich zu verwandeln, bedarf die kindliche Fantasie keines kompletten Kostüms.

Wesentlich ist immer die *innere Verbindung* des Kindes zu seiner Verkleidung: Versteht es seine Figur, seine Rolle? Gefällt sich das Kind in seiner Verkleidung? Fühlt sich das Kind wohl in seinem Kostüm und konnte es seine Entstehung mitverfolgen? Am wenigsten ist den Kindern gedient, wenn rasch ein Kostüm gekauft wird und sie keine Möglichkeit haben, einen Bezug dazu aufzubauen.

Wir versuchen, die Eltern für das Thema zu sensibilisieren und bereiten sie auch darauf vor, dass kleine Kinder sich unter Umständen gar nicht verkleiden wollen und werben damit um Verständnis für die Bedürfnisse und Befindlichkeiten der Kinder.

Die Kita als waffenfreie Zone

Machen wir die Eltern explizit darauf aufmerksam, dass Waffen in der Kita nicht erwünscht sind. Wenn es schon „Cowboy und Pirat" sein muss, eine Verkleidung, die eigentlich nicht passend für die Altersstufe ist, dann ohne Revolver und Messer. Es mag übertrieben erscheinen, dieses Thema im Zusammenhang mit Ein- bis Dreijährigen anzusprechen, aber die Erfahrung zeigt, dass Eltern manchmal wenig überlegt damit umgehen. Als Antwort kommt schon mal „Es ist ja keine Munition drin!", wenn eine Spielzeugpistole moniert wird.

Empfehlenswert ist, das Thema im Rahmen der Elterninfo ganz klar anzusprechen und ggf. auf dem Ankündigungsplakat noch einmal daran zu erinnern.

Einstimmung der Ein- bis Dreijährigen auf Fastnacht

Entdeckungsreise in die Faschingszeit

Alles verwandelt sich

In der Einstimmungsphase steht *Verwandlung* auf dem Programm der Kita. Langsam nähern wir uns dem Thema: die Räume, die Lieder, die Spiele und nicht zuletzt die Kinder verwandeln sich. Strebt auch alles auf das große Faschingsfest als Höhepunkt der närrischen Zeit zu, so ist die Einstimmungs- und Vorbereitungsphase für kleine Kinder auch aus sich heraus bedeutsam. Sie verfügen noch kaum über Erwartungen und Erinnerungen rund um das Faschingsfest und lernen in der Zeit vor dem eigentlichen Fest die Lieder und Spiele, die Freuden und Rituale dieser turbulenten Phase im Jahreslauf kennen.

Der richtige Zeitpunkt

Für die gesamte Faschingszeit, von der Vorbereitungszeit über das Faschingsfest bis hin zum Kehraus, sind insgesamt zwei Wochen anzusetzen. In dieser Zeitspanne finden die Kinder genügend Zeit, sich mit dem Thema auseinanderzusetzen, sich in eine Figur einzufühlen und Lieder und Gedichte kennen zu lernen. Die Vorfreude auf das Faschingsfest kann wachsen und gleichzeitig wird die Thematik nicht überdehnt.

Der Termin für das gemeinsame Fest sollte so gewählt werden, dass noch einige Tage als Ausklang nach der „großen Sause“ zur Verfügung stehen. Zu empfehlen ist der Freitag vor dem Faschingswochenende. So können die Kinder am Rosenmontag und Faschingsdienstag noch einmal kostümiert oder geschminkt in die Kita kommen und dem Fest nachspüren.

Behutsame Annäherung an Kostüm- und Rollenzauber

Fasching und Karneval werden Ein- bis Dreijährigen ganz elementar vermittelt. Die Freude der Kinder wird dann am größten sein, wenn sie diese lustige und überraschende Phase in ihrem eigenen Tempo und ihrer persönlichen Schrittlänge kennen lernen dürfen. Wir wecken und nähren die Neugierde der Kinder auf Kostüm- und Rollenzauber und suchen sie durch unsere Begeisterung zu faszi-

nieren und behutsam an das Thema hinzuführen. Sich verkleiden, in eine andere Rolle schlüpfen, sich verstecken, aber auch unbekannte Seiten an sich zeigen, Regeln für eine begrenzte Zeit außer Kraft setzen, Spaß an der Freude zu haben – das Wesen des Faschings soll sich den Kindern aus eigenem Erleben und Entdecken erschließen. Beobachten und Passiv-Teilhaben ist dabei ausdrücklich erlaubt!

Wie bei uns Erwachsenen zeigen sich gerade im Fasching auch bei Kindern die unterschiedlichen Temperamente sehr deutlich. Es gibt ängstliche und vorsichtige Kinder, die vielleicht mit Veränderungen grundsätzlich nicht gut umgehen können und schon von daher dem Fasching eher skeptisch bis ablehnend gegenüberstehen. Andererseits finden sich auch schon unter den ganz kleinen Kindern echte Spaß- und Gauditemperamente. Da gibt es kein langsames Herantasten, keine Angst vor Masken, und auch kein Tanz ist zu wild. Beide Temperamente und alle Abstufungen dazwischen versuchen wir beim Fasching in der Kita zu berücksichtigen, zu akzeptieren und unter einen Hut, vielmehr unter einen „Faschingshut", zu bringen.

Der geheimnisvolle Koffer

Ein alter Koffer vom Flohmarkt ist für Kinder an sich schon faszinierend und leistet beste Dienste bei der Einführung ins Verkleidungsthema. Er darf gern ein bisschen abgestoßen und mit einem farbigen Seil notdürftig zusammengeschnürt sein. Dem Koffer kann ruhig anzusehen sein, dass er schon eine Menge erlebt hat. Vielleicht lugen seitlich sogar ein bunter Stoff oder ein paar farbige Federn heraus, um die Neugierde der Kinder zusätzlich zu wecken.

Praxis-Ideen

Kostüme aus dem Koffer

Material:

Alter Koffer, gefüllt mit verschiedenen Verkleidungsutensilien und Kostümen (siehe unten), großer Spiegel (Sicherheitsglas!)

Der Koffer wird gemeinsam mit den Kindern aus einem Abstellraum geholt und in die Mitte des Sitzkreises geschleppt. Alle helfen mit, denn der Koffer ist sehr schwer.

Ohne den Koffer zu öffnen, wird er vorerst ausgiebig von außen betrachtet. Wer von den Kindern weiß denn, was ein Koffer ist und wozu man ihn wohl verwendet? Eine Frage, die im Zeitalter der Reisetrolleys gar nicht so leicht zu beantworten ist.

Nun öffnen wir den Koffer langsam und machen es ganz spannend. Was wird wohl darin verborgen sein? Zunächst agiert die Erzieherin. Beim ersten Hineinspähen erschrickt sie ein wenig und schließt den Kofferdeckel schnell wieder. Ein wenig theatralische Inszenierung gehört einfach dazu!

Ist der Kofferdeckel einmal aufgeklappt, wird sein Inhalt staunend betrachtet. Wir nehmen nacheinander verschiedene Kopfbedeckungen heraus, und setzen sie uns auf. Es sind für die Kinder erkennbare und eindeutig zuzuordnende Requisiten, etwa eine Kochmütze, eine Schaffnermütze, eine Perücke mit Zöpfen oder eine Krone. Sie benennen jeweils gemeinsam mit den Kindern die angedeutete Figur. Lassen Sie Ihrem komödiantischen Talent dabei freien Lauf!

Mittlerweile ist auch die Skepsis der Kinder verflogen. Sie greifen selbst hinein in den geheimnisvollen Koffer voller Möglichkeiten. So lässt sich etwa bunter Fa-

schingstüll mit wenigen Griffen um die Stirn oder den Bauch mit einer imposanten Schleife drapieren. Wir haben einfache Schlupfkostüme aus verschiedenen Faschingsstoffen vorbereitet. Welches der Kinder traut sich, den Kopf durch den Schlitz zu stecken? – Vielleicht nicht jetzt und heute, aber vielleicht später oder an einem der nächsten Tage.

Ein großer Spiegel steht bereit, in dem sich die Kinder aufmerksam und ausgiebig betrachten können.

Die Verkleidung ist zunächst ein großes „inneres" Ereignis für das Kind. Die Außenwirkung, hervorgerufen durch die Betrachtung des eigenen Spiegelbildes und die „Spiegelung" in den Reaktionen der Umwelt, verstärken es.

Der geheimnisvolle Koffer wird in der Faschingszeit immer wieder herbeigeholt und wird jedes Mal wieder eingeräumt und verschnürt, vielleicht sogar gemeinsam aus dem Gruppenraum getragen. So bleibt die Beschäftigung über einen längeren Zeitraum reizvoll und die Kinder können sich allmählich mit seinem kunterbunten Inhalt vertraut machen. Dabei bestimmen sie selbst, ob und in welchem Tempo sie sich dem Verkleidungsthema annähern.

Was kommt in den Koffer?

- Clownsnasen
- Schlupfkostüme in bunten Faschingsstoffen
- Hexen- oder Räuberhut
- Schminkstifte
- Faschingstüll (Meterware) in verschiedenen Farben
- Krone
- Bunte Perücke
- Löwenschwanz zum Umbinden
- Haarreif mit Katzenohren
- Sonnenbrille, Spaßbrillen
- Luftschlangen und was sich im Laufe der Zeit so im Fundus ansammelt!

Schlupfkostüm

In Stoffgeschäften kann man zur Faschingszeit wahrhaft schwelgen: von wild und bunt gemusterten bis schillernd-glitzernden Stoffen, von duftigem Tüll in allen Farben bis zu dicken Fellstoffen ist alles zu finden. Wir wählen ein paar passende Muster aus. Je nach näherischem Geschick lassen sich aus den ca. 120 x 60 cm großen Stoffstücken verschiedene Varianten herstellen.

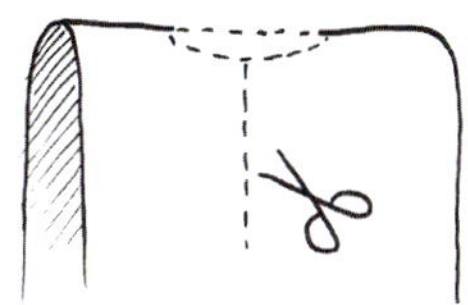

Blitz-
variante

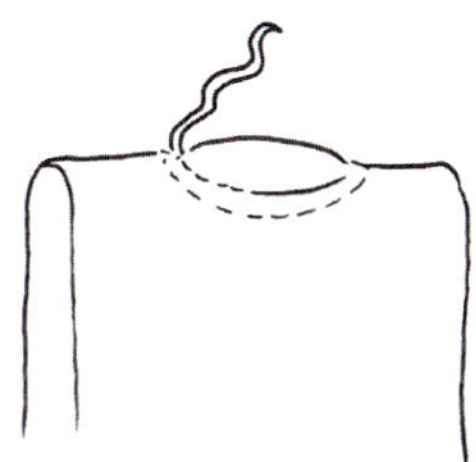

Variante mit
eingezogenem
Gummiband

Schminken, maskieren und kostümieren

Schminken und verkleiden – eine neue Erfahrung

Das Schminken der Gesichter wird von Ein- bis Dreijährigen als etwas ganz Neues und teilweise auch sehr Beunruhigendes wahrgenommen. Manchen Kindern ist „Schminken“ im weitesten Sinne durch ihre Mütter vertraut, für andere ist es eine ganz neue Erfahrung. Wir tasten uns langsam an das Thema heran und überlassen es den Kindern, ob sie teilnehmen möchten oder nicht ... denn kleine Kinder mögen das oft nicht!

Praxis-Ideen

… zuerst nur ein Punkt …

Material:

Ein großer Spiegel und einige kleine Handspiegel; Täschchen oder ein ausgedientes Beautycase, gefüllt mit Schminkstiften, Schminkcreme, Watte und Vaseline zum Abschminken; Fotos von geschminkten Kindern, Schminkanleitungen von Tieren oder geeigneten Faschingsfiguren

Wichtig: *Nur dermatologisch unbedenkliche Schminke verwenden und die Schminkvorräte auf Brauchbarkeit, Haltbarkeit und Vollständigkeit prüfen (meist ist die rote Farbe aufgebraucht!)*

Wir erzählen eine Geschichte und zeigen ein Bild, beispielsweise von einem Marienkäfer. Das gepunktete Käferchen wird betrachtet und die Erzieherin malt sich einen Punkt auf die Hand oder auf die Nase. Vielleicht steigen manche Kinder ein und möchten auch einen Punkt aufgemalt bekommen. So entsteht ganz sachte der erste Kontakt mit Körperbemalung und der dadurch angedeuteten Verwandlung. Auch ein Clown (rote Nase) oder ein Tiger (gelbe und schwarze Streifen) eignen sich als Einstiegsthema fürs Schminken.

Auf keinen Fall sollten die Kinder gegen ihren Wunsch oder gar Widerstand geschminkt werden – etwa mit Bemerkungen wie „… das ist lustig“ oder „… ist ja nur ein Punkt“. Sich zu bemalen ist ein sehr intimer Vorgang und muss ganz freiwillig geschehen.

Wir versuchen die Neugierde der Kinder am Schminken zu wecken, überlassen ihnen jedoch den Impuls zum aktiven Mitwirken stets selbst.

Das Schminktäschchen wird nun immer wieder herbeigeholt. Zunächst schminkt sich die Erzieherin, sei es als eine bestimmte Faschingsfigur oder in einer spontanen Kreation. Das muss weder perfekt noch aufwändig sein. Auch darf die Bemalung nicht bis zur Unkenntlichkeit der Person gehen, da dies Angst erzeugen könnte. Einer Verunsicherung der Kinder wirkt entgegen, dass sie die langsame Veränderung beim Bemalen beobachten können. Sehr junge oder ängstliche Kinder lassen sich allerdings selbst dadurch nicht immer beruhigen. Die Kinder mit fertig geschminkten Gesichtern zu überraschen, würde sie erschrecken und zu großen Irritationen führen.

Wer von den Kindern mag, kann sich selbst anmalen oder anmalen lassen. Die Kinder dürfen auch die Erzieherin und sich gegenseitig schminken. Auf das Ergebnis kommt es nicht so sehr an, sondern aufs Tun und Erleben. Signalisiert ein Kind Unbehagen, kann die Bemalung jederzeit unterbrochen werden. Vielleicht geht es nach einem kurzen Blick in den Spiegel wieder voller Freude weiter!

Liegen verschiedene Kopfbedeckungen, Perücken oder Federn bereit, kann das Verwandlungsspiel noch ausgeweitet werden. Sich betrachten und sich zeigen gehören wesentlich zu dieser Beschäftigung. Wir sparen nicht mit Überraschung und Lob für die Verwandlung und motivieren verhaltene Kinder behutsam zum Mitmachen.

Ein- bis Dreijährige beobachten das Treiben vor dem Schminkspiegel aufmerksam. Signalisieren sie Lust am aktiven Mitmachen, beziehen wir sie gern mit ein. Ein Punkt auf der Nase, der Wange oder auf der Hand kann für ein kleines Kind dabei gleichbedeutend sein mit einem vollständigen Kostüm bzw. mit einem perfekt ausgeschminkten Gesicht.

Die Punkte, Streifen, Bögen über den Augenbrauen, die Schnurrhaare und Schmetterlinge auf den Wangen dürfen bis zum Mittagsschlaf oder zur Abholzeit aufgemalt bleiben. Wer möchte, wird aber auch vorher schon behutsam mit Watte und Vaseline abgeschminkt. Gerade die eigene Rückverwandlung ist für das Verständnis der Kinder bedeutsam und überdies ein spannender und interessanter Prozess.

Lachendes und trauriges Gesicht

Einen aus rotem Tonpapier ausgeschnittenen Halbmond halten wir uns abwechselnd „lachend“ (mit nach oben gerichteten Enden), oder „traurig bis weinend“ (mit nach unter gerichteten Enden) vor das Gesicht. Laut vernehmliches Lachen bzw. Schluchzen gehört mit zum Spiel. Schnell lässt sich die jeweilige Gemütslage mit einer Drehung des Papiermundes herbeiführen und verändern. Vielleicht möchten auch die Kinder einmal probieren, traurig und weinerlich mit fröhlich und lachend abzuwechseln. Das Spiel zeigt den Kindern auf verblüffend einfache Weise, was Maskerade bewirken kann.

„Ein Kostüm für die Erzieherin“ – Kleines Verwandlungstheater

Vorbereitung:

Wir füllen eine Kiste mit Deckel, eine Tasche oder auch den „geheimnisvollen Koffer“ mit Requisiten eines bestimmten Kostüms für die Erzieherin. Hier ist ein wenig Improvisation gefragt, denn die Anzahl der Kostümteile muss der Zahl der anwesenden Kinder entsprechen. So kann *jedes* Kind einen Beitrag zur entstehenden Figur leisten!

Geeignete Figuren und ihre Requisiten sind beispielsweise:

Hexe, Räuber oder Zwerg:

Hut, Hutfeder, Hose, Hemd, Hosenträger, Rucksack, große Schuhe (einzeln), Handschuhe (einzeln), viele einzelne Flicken für Hemd und Hosen

Kleinteile lassen sich mit Sicherheitsnadeln oder vorher aufgenähten Klettbändern befestigen.

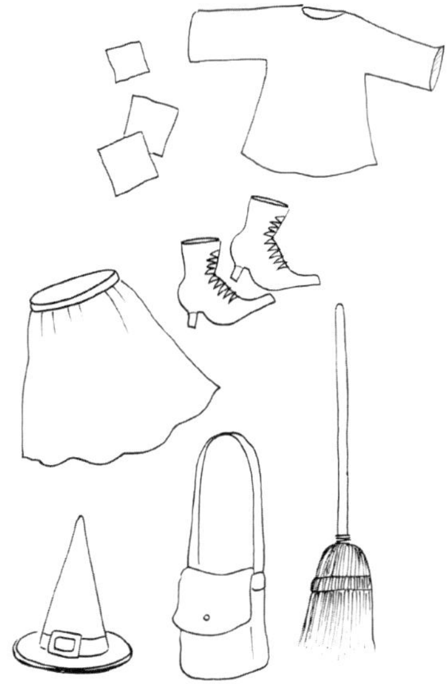

Clown:
Perücke, Hütchen, Clownsnase, Schuhe, Hosen (zwei verschiedene, voneinander getrennte Hosenbeine), Gürtel, Ringelhemd, Ringelstümpfe (einzeln), bunte Flicken in der benötigten Anzahl

Marienkäfer:
rote Strumpfhose, rotes Hemd, schwarze Handschuhe und Socken (einzeln), Haarreif, aus Pfeifenputzern gebogene Fühler für den Haarreif, große und kleine Kreise aus schwarzem Filz

Die Vorstellung beginnt
Die Kinder sitzen im Kreis auf dem Boden. Das noch geschlossene Behältnis (Karton, Koffer oder Tasche) mit den einzelnen Teilen des Kostüms wird in die Mitte gestellt. Welches Kind fasst als erstes hinein, vielleicht ohne zu schauen, und zieht einen Teil des Kostüms hervor – etwa einen Hexenhut? Die Erzieherin setzt sich den Hut auf und beginnt schon ein wenig in die Rolle zu schlüpfen und damit zu spielen. Reihum holen nun die Kinder Requisiten verschiedenster Größe und Bedeutung hervor. Nach und nach wird die Verkleidung der Erzieherin komplett. Die langsame, schrittweise Verwandlung macht den Kindern Spaß. Sie sind daran beteiligt und verstehen den Vorgang.

Nun wird zusammen mit der „kleinen Hexe“ ein fröhliches Lied gesungen, geklatscht … und gelacht (··› *Lustige Faschingslieder,* Seite 52ff). Die verwandelte Figur wird selbstverständlicher Teil der Gruppe, bevor nach einiger Zeit schrittweise die Rückverwandlung einsetzt. In umgekehrter Reihenfolge wandern nun die Requisiten und Kostümteile wieder in die Kiste oder in den Koffer – bei jedem Stück darf ein anderes Kind assistieren. So findet das Verwandlungstheater seinen natürlichen Abschluss und die Erzieherin ist zum vertrauten Erscheinungsbild zurückgekehrt. Das Spektakel ist vorbei. Gemeinsam wird die Requisitenkiste weggeräumt.

Verwandlung und vor allem die Möglichkeit der Rückverwandlung sind für Ein- bis Dreijährige keineswegs selbstverständlich. Hier mag manche kindliche Verunsicherung durch Verkleidung und Bemalung begründet sein. Wenn Kinder beide Prozesse – Verwandlung und Rückverwandlung – sichtbar miterleben, wird für sie deutlich: Verkleidung ist ein Spiel auf Zeit und jeder behält selbst die Kontrolle über sein Erscheinungsbild.

Praxistipp zur Durchführung:
Mindestens zwei Betreuerinnen sind beim „kleinen Verwandlungstheater“ notwendig. Der Deckel der Kiste muss immer wieder geschlossen, die Herausnahme der einzelnen Kostümteile ein wenig gesteuert und die Gruppe zusammengehalten werden. Vielleicht sind einzelne Kinder verunsichert und setzen sich deshalb ganz nah an die assistierende Erzieherin. Mit einem gut eingespielten Team kann aus diesem Verwandlungstheater eine verständnisfördernde, aber auch sehr lustige und spannende Vorführung entstehen.

Verwandlungstheater: Variation mit Pantomime

Dieses Verwandlungs- und Rückverwandlungsspiel kann auch ohne Mithilfe der zuschauenden Kinder als pantomimisches Theater inszeniert werden. Das Erscheinen oder Verschwinden jedes neuen Kostümutensils wird von der Darstellerin mit beredtem Gesichtsausdruck inszeniert und von einer Kollegin mit einem Trommelwirbel oder einem einfachen Schlag auf dem Tamburin begleitet. Bei dieser Variante kommt es nicht auf die Anzahl der Utensilien an, sondern auf eine gekonnte Darbietung, die das Publikum in ihren Bann zu ziehen vermag.

Kasperl verkleidet sich

Sind den Kindern die Figuren aus dem Kasperltheater bekannt, kann auch der Kasperl den Kindern das Maskenthema auf spielerische Weise nahe bringen. Es liegen verschiedene Kopfbedeckungen für den Kasperl bereit, die er sich nacheinander aufsetzt. In jeder neuen Verwandlung geht er zur Großmutter und stellt sich ihr vor. O je, er wird nicht erkannt: „Ja, wer bist du denn? Ich erkenne dich nicht. Bist du etwa ein Indianer, ein Clown, ein Löwe ...?“

Da zieht der Kasperl die Kopfbedeckung herunter und wird natürlich sofort erkannt. Große Verwunderung und Freude bei der Großmutter ... und auch bei den kleinen Zuschauern.

Das Spiel kann ausgebaut werden, indem die Großmutter den Kasperl sucht, obwohl der vor ihr steht, wegen der Maskerade aber leider von ihr nicht erkannt wird. Die Kinder helfen der Großmutter sicher gern auf die Sprünge.

Faschingsdekoration und -basteleien

Die Gestaltung der Kita-Räume

Nicht nur Kinder und Betreuerinnen verwandeln sich im Fasching. Auch die Räume kommen in ganz anderem Gewand daher. Sie werden bunter und voller, seltsame Gestalten tauchen auf und es darf auch ein wenig „unordentlich" sein. Die Charakteristik der Faschings- und Karnevalszeit ist ausgelassen, überbordend, außer Rand und Band und immer auch ein wenig wild – dies kann sich in der Gestaltung der Räume durchaus niederschlagen. Spätestens nach dem großen Kehraus findet sich ja alles in der gewohnten Optik und Ordnung wieder.

Bei aller Dekorationslust, bei all unseren Ideen sollten wir immer darauf achten, dass die einzelnen Elemente der Dekoration mit den Kindern entwickelt und so für sie inhaltlich nachvollziehbar sind. Auftauchende Ängste nehmen wir ernst, versuchen sie abzubauen oder schützen das Kind vor dem Irritation auslösenden Impuls (z. B. ein bestimmtes Kostüm oder Geräusch). Dies gilt im Besonderen auch bei jenen Ängsten, die uns nicht nachvollziehbar erscheinen – etwa vor Luftballons oder dem Ausblasen von Luftschlangen.

Raupe, Hexe & Co – Unsere große Faschingsfigur

Bei der Planung des Faschingsfestes entscheidet sich das Team für eine Figur, die das zentrale Element der Raumgestaltung bildet, zum Beispiel eine Hexe, die auf einem Besen durch die Luft reitet, oder eine große Faschingsraupe. „Groß" meint hier tatsächlich raumbestimmend. Diese Figur wird in den zwei Wochen der Vorbereitungs- und Hinführungsphase gemeinsam mit den Kindern ausgeschnitten, bemalt und zusammengesetzt. In einer kleinen „Geheimaktion" arbeiten wir noch eine Tasche auf die Schürze der Hexe oder ein Hohlraum in das Maul der Raupe ein und bereiten damit einen einfachen, aber überaus wirkungsvollen Höhepunkt des Faschingsfestes vor. (··· *Lustiges Faschingstreiben mit Rückzugsmöglichkeit,* Seite 91ff)

Praxis-Ideen

Große Faschingsraupe

Material:

Festes Papier, Schere, Pinsel, Malfarbe, zwei dicke Pfeifenputzer, zwei Lackierrollen (Schaumstoff), Holzleiste, Haken, Schnur, Stoffbeutel, robuster Bürohefter

Wir schneiden aus festem, hellen Papier jeweils ein Paar ovale Raupenglieder in verschiedenen Größen. Die maximale Höhe ist etwa 60 cm. Die einzelnen Paare werden auf der Rückseite mit jeweils übereinstimmenden Zahlen oder Buchstaben gekennzeichnet. Die verschiedenen ovalen Papiere werden nun von den Kindern bunt bemalt – mit Finger- oder dick angerührter Wasserfarbe. Jeden Tag entstehen so einfarbige oder bunte Ovale, die zum Schluss sortiert und mit einem Bürohefter zusammengefügt werden.

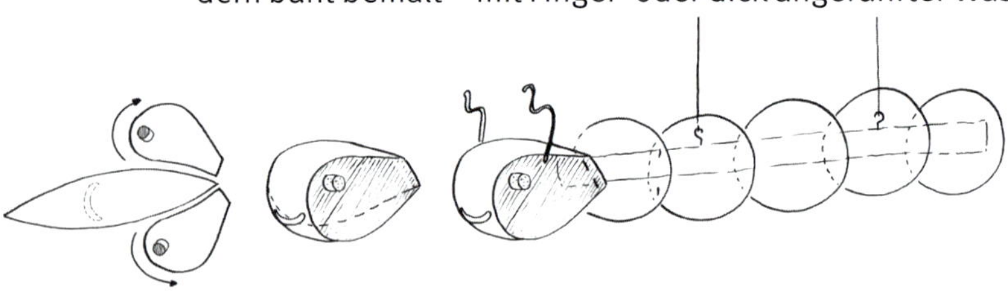

Die Teile für den Raupenkopf werden zusammengesetzt und an den Gliederrumpf angeheftet. Die Fühler werden aus Pfeifenputzern gebogen, als Augen dienen bemalte Lackierrollen. Das Maul der Raupe legen wir mit einem Stoffbeutel aus und heften es mit ein paar Stichen rundherum an. Das Säckchen muss groß genug sein, um später Süßigkeiten verbergen zu können (Fassungsvermögen vorher ausprobieren!).

Das „Knochengerüst“ für die Raupe

Die große bunte Raupe ist recht schwer geworden! Das können auch die Kinder feststellen. Sie braucht sozusagen einen „Knochen“, der alles von innen zusammenhält, obgleich Raupen im wissenschaftlichen Sinne natürlich keine Knochen haben. Die Kinder erfahren so nebenbei etwas über den festen Aufbau im Inneren des Körpers. Gemeinsam befühlen wir unsere Fußknöchel und Handgelenke. Wir versuchen, unsere Knochen zu erspüren, was die Kinder sehr beeindruckt.

Für die Stabilisierung der Raupe tut eine Holzleiste gute Dienste. Bevor die Leiste ins Innere der Papierraupe geschoben wird, versehen wir sie mit zwei Haken für die Befestigung an der Zimmerdecke.

Die große Faschingsfigur kann mit thematisch passenden Basteleien ergänzt werden, aber auch sehr gut für sich allein im Luftschlangengetümmel stehen.

Ganzheitliche Vermittlung mit begleitender Bilderbuchgeschichte

Flankiert wird die Raupenbastelei mit der ohnehin meist bekannten und beliebten Geschichte von der kleinen „Raupe Nimmersatt“ (Eric Carle: Die kleine Raupe Nimmersatt, Gerstenberg, Hildesheim 2009). Die Kinder gewinnen so eine ganzheitliche Beziehung – Verstehen und Tun – zu „ihrer“ Faschingsdekoration.

Ist die Faschingsraupe fertiggestellt, legen wir sie zunächst in einen Nebenraum, wo sie verborgen auf ihren großen Auftritt wartet. Wir betrachten gemeinsam das Bilderbuch von der „kleinen Raupe Nimmersatt“. … nur dieses Mal schlüpft kein Schmetterling aus dem Kokon! Bevor wir zum Ende der Geschichte gelangen, dürfen einige Kinder die betreffende Tür öffnen – und siehe da: Die kleine hungrige Raupe hat sich in eine riesengroße bunte Raupe verwandelt. Nach großem Staunen tragen die Kinder das Faschingstier gemeinsam in den Gruppenraum, wo die Raupe an vorbereiteten Haken aufgehängt wird. Eine für die Kinder stimmige und aufregende Inszenierung findet ihren Höhepunkt und Abschluss!

Die kleine Hexe

Auch eine Hexe eignet sich als zentrales Element der Raumdekoration. Wir schneiden die einzelnen Teile der Figur aus festem Papier aus, bemalen sie und setzen sie mit Klebeband und Bürohefter zusammen. Auf den Rock wird eine Tasche aus einem Stoffstück genäht. Die Hexe findet Halt auf einem großen Reisigbesen mit langem Holzstiel, der gut an der Zimmerdecke befestigt werden kann. Einmal angeschafft, wird so ein „Straßenkehrerbesen“ viele Jahre Dienst in unserer Kita tun.

Zur inhaltlichen Vermittlung eignen sich ein lustiges Hexenlied, ein Hexentanz mit kleinem Besen (··· *Hexentanz,* Seite 71) sowie Abbildungen von einer freundlichen (!) Hexe – als Vorbild dient dabei nicht die Hexe aus „Hänsel und Gretel“, sondern die „kleine Hexe“ von Otfried Preußler, obgleich dieses wunderbare Buch inhaltlich noch nicht für Ein- bis Dreijährige geeignet ist.

Simsalabim – Zauberei und Hexenkunst

Auch die alte Kunst des Zauberns bzw. Hexens kann hier ins Spiel gebracht werden – immer ganz harmlos und ohne angsterzeugende Elemente. Wir verzaubern die Kinder in verschiedene Tiere mit ihren jeweiligen Lauten und Bewegungen oder wir „hexen“ einen kleinen Ball vor den Augen der Kinder einfach weg. Ein „Hokuspokus Fidibus“ und „Simsalabim“ als Zauberspruch wird sicher dabei helfen. Nach spannender Suche taucht der Ball wieder aus unserem Ärmel auf und erzeugt großes Staunen!

Wir müssen in der Vermittlung der Figur aber nicht allzu tief einsteigen. Das Kurioseste an einer Hexe ist für kleine Kinder, dass das lustige Weiblein nicht mit dem Fahrrad oder Auto fährt, sondern einfach auf *einem Besen* durch die Lüfte *reitet.*

Weitere Ideen für eine große Faschingsfigur

- Roter Elefant mit bunten Punkten, Ringelsocken und Hut
- Bunt gestreiftes Zebra (als verkleidetes Pferd!)
- Fisch mit bunten Flossen und Schuppen
- Faschingszug (im Wortsinn): Bunte Lokomotive und Waggons mit allerlei lustigen Fahrgästen
- Zwerg, Clown oder Kasperl – vielleicht sogar als großer Hampelmann!

Lustiger Hampelmann

Ein Hampelmann macht kleinen Kindern großen Spaß. Immer wieder ziehen sie an der Schnur und freuen sich, wenn sich die Figur daraufhin bewegt. Wichtig ist, dass die Zugschnur für Kinder erreichbar und der Hampelmann robust genug für kleine Kinder ist. Eine kunstvolle Gestaltung darf da getrost in den Hintergrund treten.

Verbinden wir die Bastelei mit dem bekannten Bewegungslied "Jetzt steigt Hampelmann aus seinem Bett heraus", wird eine ganzheitliche Erfahrung für die Kinder daraus.

Kleine Kinder beherrschen allerdings den klassischen Hampelmann-Sprung noch nicht (Hochhüpfen mit gegrätschten Beinen und gleichzeitig mit den Händen über dem Kopf klatschen). Unangemessene Bewegungsanforderungen bremsen und verunsichern Kinder. Deshalb lassen wir die kleinen Hampelmänner und -frauen ganz unverkrampft gerade so hüpfen und klatschen, wie sie können und möchten. Denn es geht in erster Linie um die Bewegungsfreude und die dynamische Abwechslung zwischen Strophe (gestische Begleitung) und Refrain (Hüpfen und Klatschen).

Praxis-Idee

Der Hampelmann entsteht

Material:

Feste glatte Pappe, Schere, Vorstecher oder dicke Nadel, Paketschnur, Holzperle

Eine bewegliche Hampelmannfigur ist leicht herzustellen. Es müssen lediglich ein paar einfache, aber wesentliche Dinge beachtet werden:

- Rumpf mit Kopf, Arme und Beine jeweils einzeln aus fester Pappe ausschneiden und lochen
- Arme und Beine mit Musterklammern anbringen, evtl. an den Löchern mit Klebeband etwas verstärken
- Arme und Beine in Normalposition (am Körper hängend) bringen
- Über (!) jede Musterklammer ein Loch für die Verschnürung einstechen
- Arme und Beine wie in der Zeichnung miteinander verbinden und eine Zugschnur mit Holzperle einknüpfen

Faschingsbasteleien als Raumschmuck

Beim Basteln für unsere Faschingsdekoration kommt es nicht so sehr es auf Genauigkeit an. Vielmehr darf man den hergestellten Figuren und Deko-Elementen die Freude und die für diese Zeit charakteristische Ausgelassenheit ansehen. Alles kann ein wenig bunter und wilder sein als gewöhnlich. Dazu gehört auch, dass die Kinder auch mal über das Ziel hinausschießen, zum Beispiel wenn sie mit Fingerfarben malen und am Ende alles nur noch mit brauner Farbsoße bedeckt ist. Hauptsache, es hat Spaß gemacht! Mit bunten Schnipseln beklebt, kann dennoch eine lustige Faschingsdekoration entstehen.

Praxis-Ideen

Konfettibild

Material:
Packpapier, Kleister, großer Pinsel, große Tüte mit buntem Konfetti

Hinweis zur Durchführung:
Mindestens zwei Erwachsene; günstig ist ein kehr- und wischbarer Bodenbelag oder eine *großzügig* bemessene Plastikfolie als Unterlage, möglichst in einem separaten Raum.

Ein großes Format Packpapier, evt. einfarbig grundiert, wird auf den Boden gelegt. Die Kinder stehen rings um das Papier. Anfangs treten die Kinder natürlich auch auf das Papier oder laufen drüber. Wir lassen den Kindern ein wenig Zeit und bald schon formiert sich der Kreis. Eine Erzieherin trägt den Kleister mit der Hand oder einem langen Pinsel großflächig auf. Reihum und in mehreren Durchgängen bekommen die Kinder jeweils einige bunte Konfetti-Schnipsel in die Hand und lassen diese auf die Kleisterfläche regnen. Zur sprachlichen Begleitung und Rhythmisierung des Ablaufs singen wir jeweils ein einfaches Liedchen. Das erhöht noch das Vergnügen der Kinder am Konfettiregen. Nach der Trocknungszeit ist ein schönes großes Faschingswandbild zu bestaunen.

Variation:
Mit einer kleinen Gruppe kann das Konfettibild auch als Tischarbeit auf kleinformatigem Tonpapier ausgeführt werden.

Es regnet, es regnet

Musik: überliefert, Text: Monika Lehner

Lustige Handgesichter

Material:
Farbiges Tonpapier, Fingerfarben, Pinsel zum Bemalen der Hände

Auf verschiedenfarbiges Tonpapier (50 x 70 cm) werden mit Fingerfarbe bunte Handabdrucke der Kinder aufgebracht. In die Handflächen malen wir nach dem Trocknen mit dem Spruch „Punkt, Punkt, Komma, Strich – fertig ist das Handgesicht“ jeweils ein lachendes Gesicht.

Hinweis zur Durchführung:
Beim Drucken wird immer nur eine Hand bemalt. Vor dem Bemalen der Hand bereiten wir die Kinder vor („Das wird sich jetzt ein wenig kühl und kitzelig anfühlen“) und tragen die vom Kind gewählte Farbe langsam und vorsichtig auf die Handfläche und die Finger auf.

Bei der Aktion sind zwei Erwachsene notwendig: Eine Erzieherin bemalt die Kinderhände und hilft behutsam beim Abdruck, die Kollegin begleitet die Kinder anschließend zum Händewaschen.

Während die Einjährigen meist geschlossene Patschhändchen drucken, können die größeren Kinder beim Druck schon bewusst die Finger etwas spreizen. Die lustigen Handgesichter dürfen so verschieden werden, wie es unsere Kinder sind! Werden die Abdrucke jeweils mit den Namen der Kinder „signiert“, betrachten sie immer wieder stolz *ihr ganz persönliches* Handgesicht!

Masken aus Papptellern

Material:

Pappteller in verschiedenen Farben (bei frei hängenden Masken ist die doppelte Anzahl Pappteller erforderlich), Tonpapier, Schere, Flüssigkleber/Klebestreifen, Bürolocher, Geschenkband

Zur Vorbereitung schneiden wir aus Tonpapier eine Menge Punkte für Augen und Nasen, schmale Halbmonde für die Münder und ggf. Füße oder Schleifen für den Halsschmuck aus und sammeln alles bunt gemischt in einem Bastelkörbchen. Die Kinder sind dabei mit am Basteltisch und hantieren ihrerseits mit Schere und Papier.

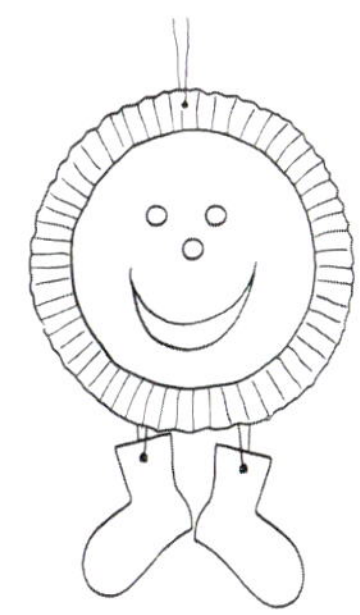

Jedes Kind sucht sich dann in der Einzelarbeit einen Pappteller aus, um ihn jeweils mit einem Gesicht zu bekleben. Beim Auftrag des Klebers und bei der Platzierung von Auge, Nase und Mund leisten wir diskrete Hilfestellung. Die Faschingsgesichter dürfen allerdings ruhig ein wenig „verrutschen“!

Die Masken schmücken die Wände oder sie hängen frei sich drehend im Raum. In diesem Fall werden zwei Papptellergesichter aneinandergeklebt oder mit Musterklammern verbunden. Je nach Alter und Bastelfreude der Kinder kann die Arbeit ausgedehnt werden. Am unteren Ende stanzen wir ein Loch in den Pappteller. Mit einem hübschen Geschenkband wird eine bunte Fliege oder Krawatte an das Gesicht geknüpft. Durch diesen einfachen Kniff vervollständigt sich das Maskengesicht zur Figur. Hängen wir unten zwei Füße aus farbigem Tonpapier an, so entsteht ein Kopffüßler, der noch plastischer wirkt. Auch ein aufgeklebtes Hütchen aus Tonpapier oder lustige Haarbüschel aus Wolle oder Papier machen sich gut.

Schleifen und Blumen aus Krepp

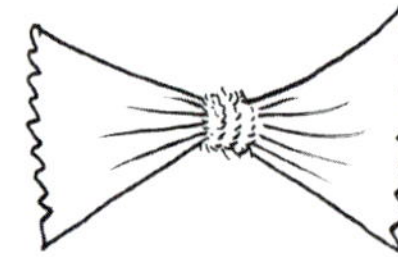

Material:
Krepppapier in verschiedenen Farben, Schere, Klebestreifen, bunte Pfeifenputzer

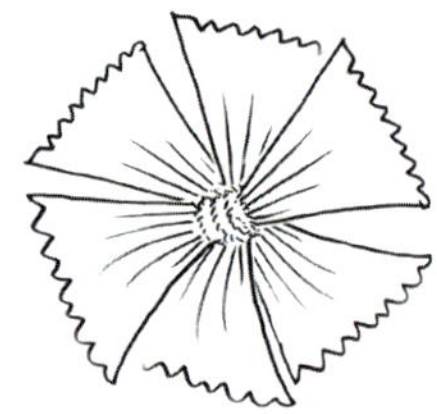

Vorbereitung:
Von den Kreppollen werden jeweils etwa 30 cm lange Stücke abgeschnitten.

Buntgemischt liegen die Krepppapierstücke auf einem Basteltablett. Die Kinder wählen einzeln oder in der Zweiergruppe eine Farbe aus. Der Papierstreifen wird in der Mitte gerafft und mit einem Pfeifenputzer zusammengehalten. Die äußeren Papierenden werden ein wenig auseinandergezupft und fertig ist die Faschingsschleife!

Bei der Kreppblume werden drei verschieden farbige Schleifen zunächst jeweils mit Klebeband in der Mitte zusammengehalten. Die drei Schleifen übereinandergelegt und mit einem Pfeifenputzer miteinander verbunden ergeben eine imposante Faschingsblume. Schleifen und Blumen – auch in verschiedenen Größen – sind einfach und rasch herzustellen, bilden eine wirkungsvolle Raumdekoration und werden von den Kindern auch gern mit nach Hause genommen.

Bunte Papierketten

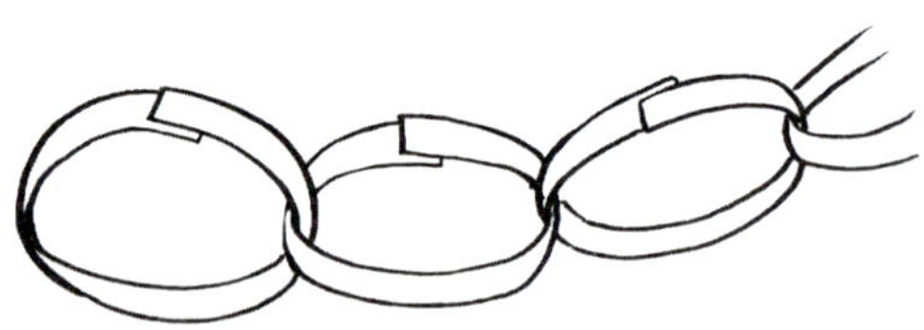

Material:
Tonpapier (DIN A4), Schere, Klebeband

Das bunt gemischte Tonpapier wird der Länge nach in ca. 2 cm breite Streifen geschnitten. Nun wird ein Streifen zu einem Ring geschlossen und mit einem Stückchen Klebeband (vom Tischspender) zusammengehalten. Der nächste Streifen wird wie ein Kettenglied in den ersten eingefädelt und wieder geklebt.

So geht die Bastelei fort und fort. Es entsteht eine lustig-bunte Papierkette, die als Girlande zum Faschingsschmuck beiträgt. Die Bastelarbeit kann in der Einzelsituation erfolgen, bei der jedes Kind eine Kette fertigt, die gerade so lang wird, wie die Bastelfreude des Kindes anhält. Oder aber wir arbeiten in der Kleingruppe: Die Kinder basteln dabei Kettenglieder, die an die schon bestehende Papierschlange angehängt werden. Die Arbeit jeden Kindes fügt sich so sicht- und erlebbar in ein Gesamtergebnis ein. Die Papierschlange wird länger und länger und zieht sich bald durch den ganzen Gruppenraum.

Kopfschmuck für Faschingskinder

Die einfachste Verwandlung geschieht durch eine rasch übergezogene (und ebenso rasch wieder abgenommene) Kopfbedeckung! Zwischendurch können wir immer wieder mit und für unsere Faschingskinder Kopfschmuck basteln. Im Vordergrund steht nicht die entstehende Figur, sondern das Herantasten an die Verwandlung, das Spielen der Kinder mit ihrem Aussehen und dessen Veränderbarkeit. Achten wir darauf, dass sich die Kinder selbst dem Thema annähern können und keine Verkleidung „übergestülpt" bekommen. Je mehr Freude und Enthusiasmus wir bei der Herstellung des Kopfschmucks vermitteln und uns die Hüte, Kronen und Frisuren auch selbst aufsetzen oder aufsetzen lassen, umso unbefangener und begeisterter werden die Kinder das Angebot annehmen.

Wir deponieren die verschiedenen Modelle in einer frei zugänglichen Kiste und sind gespannt, ob die Kinder sie wohl benutzen?

Praxis-Ideen

Zeitungshüte falten

Material:

Zeitungspapier oder Tonpapier (50 cm x 60 cm)

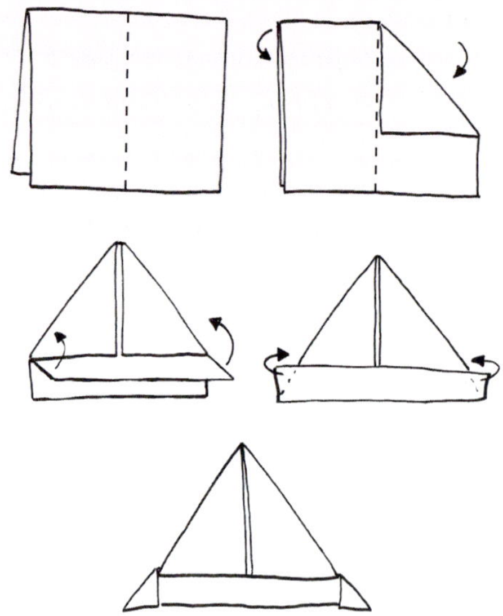

Das Papier liegt hochformatig auf dem Basteltisch und verwandelt sich in wenigen Schritten zum Faschingshut:

- Einmal in der Mitte von oben nach unten falten.
- Von links nach rechts in der Mitte falten, wieder aufklappen.
- Die oberen Ecken jeweils bis zum Mittelknick falten (ein Dreieck entsteht).
- Den unteren Überstand auf beiden Seiten nach oben knicken.
- Die überstehenden Ecken umschlagen, ggf. mit Bastelkleber fixieren.

Mit ihren fast aus dem Nichts entstehenden Hüten haben die Kinder großen Spaß. Ein Papierhut ist nichts für die Ewigkeit und so gehört auch das Kaputtgehen (... und Kaputtmachen!) dazu. Kleine Kinder machen hier die wertvolle Erfahrung, dass Papier ein weniger haltbarer Stoff ist als etwa Filz. Sind die papierenen Hüte zerknüllt oder zerrissen, werden an einem anderen Tag einfach neue gefaltet, vielleicht mit einem lustigen Lied auf den Lippen:

Mein Hut, der hat drei Ecken,
drei Ecken hat mein Hut,
und hätt er nicht drei Ecken,
dann wärs auch nicht mein Hut!

Lustig gezackte Kronen

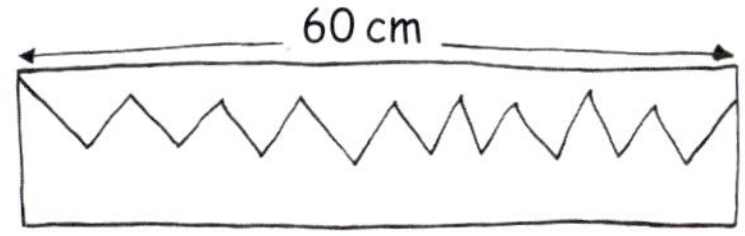

Material:

Tonpapierstreifen (60 cm x 15 cm), Schere, Kinderscheren, Klebeband, Bürohefter

In die Tonpapierstreifen schneiden wir auf einer Längsseite Zacken ein, dazu benötigt man keine Schablone, denn Faschingskronen dürfen schief und originell sein. Dreijährige Kinder sind hier schon begeistert dabei. Bei Schnittrichtung und -tiefe helfen wir, indem wir das Papier halten und durch entsprechende Drehung des Papiers die Schnitte indirekt leiten. So können die Kinder mit einer oder mit beiden Händen schneiden.

Der gezackte Streifen wird nun jeweils um den Kopf eines Kindes gelegt, passgenau mit zwei, drei Klammern (Bürohefter) geschlossen und mit dem Namen des Kindes versehen. Fertig ist die maßgeschneiderte Krone!

Haarreif oder Mütze mit Frisur

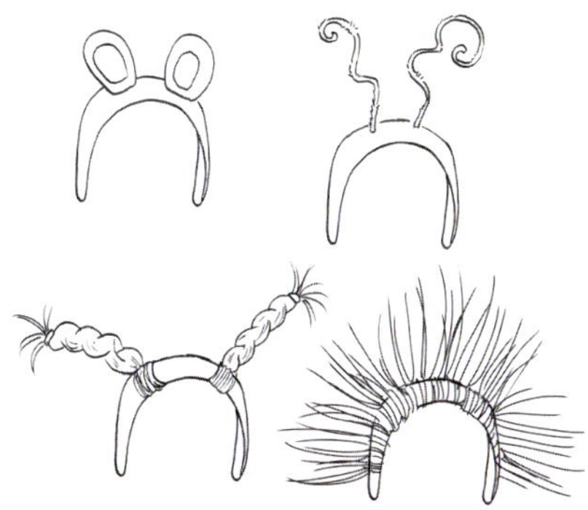

Aus bunten Wollresten oder Bastelbast knüpfen wir auf Haarreifen oder ausgediente Kindermützen lustige Frisuren, wobei keineswegs die gesamte Fläche bedeckt sein muss. Seitlich zwei Zöpfe oder ein paar wilde Büschel reichen Ein- bis Dreijährigen, um sich ganz neu und anders zu fühlen.

Auch Katzenohren (aus Stoffresten) oder Fühler (aus Pfeifenputzer) lassen sich als Variation auf einen Haarreif anbringen.

Ein- bis Dreijährige entscheiden selbst, ob, wie oft und wie lange sie die jeweilige Maskerade tragen möchten. Sich immer wieder überrascht und belustigt im Spiegel betrachtend, tasten sich die Kinder an das Spiel mit der eigenen Verwandlung heran.

Zuhören und mitsingen im Kreis

Spaßige Lieder und Reime, gepaart mit ein wenig Schabernack, versetzen uns und die Kinder in die rechte Faschingslaune. Das Verwandlungsthema schwingt dabei mit, muss aber nicht immer explizit angesprochen werden. Durch häufige Wiederholung entstehen bald kleine Rituale, um die Kinder im besten Sinne zu unterhalten und zu belustigen, sowie ihre Wiedererkennungsfreude zu wecken.

Lieder und Reime vom Verstecken und sich Verwandeln

Kostümierung, sich verkleiden und schminken bedeutet immer auch ein Wechseln in eine andere Rolle. Spiele rund ums Verstecken greifen dieses Thema im weiteren Sinne auf, machen den kleinen Kinder großen Spaß und eignen sich bestens für die Faschingszeit.

Praxis-Ideen

Meine Hände sind verschwunden

Musik und Text: überliefert

Material:
Karton oder Decke

Dieses Lied ist fester Bestandteil im Repertoire der meisten Kindergruppen. Die Kinder lieben es, Hände und Füße, Augen und Ohren „verschwinden“ und wieder auftauchen zu lassen. Die Hände werden unter die Schenkel gesteckt, dann Augen und Ohren mit beiden Händen bedeckt. Bald verschwinden auch die einzelnen Kinder reihum. Sie krabbeln in einen Karton oder werden mit einer leichten Decke bedeckt. Jedes Mal ist der Kitzel des Versteckens und Wiederfindens neu und aufregend.

Wichtig ist bei diesem Spiel die Freiwilligkeit. Kein Kind darf zum Verschwinden überredet werden. Es können Unbehagen und Ängste im Dunkeln entstehen, vor denen sich die Kinder instinktiv selbst schützen. Manche beobachten das Spiel erst einmal einige Zeit und wagen sich am Schluss oder auch erst beim nächsten Mal unter die Decke.

Ja, wo ist denn unsre Lisa?

Musik: überliefert; Text: Monika Lehner

Das Lied wird immer wieder gesungen, reihum wird jeweils ein Kind mit fragender Gestik genannt. Je nach Silbenanzahl des Vornamens passen wir Text und Melodie an (Ja, wo ist Alexander... / Ja, wo ist denn Martina ...). Suchend lassen wir unseren Blick über die Kinder schweifen und „übersehen“ dabei das „vermisste“ Kind. Ein aufgeregtes „Hier bin ich!“ hilft der Erzieherin sicher, das Kind schon bei der zweiten Liedzeile wiederzufinden.

Die kurze Melodie kann nach jeder gesungenen Strophe auch schön als instrumentales Zwischenspiel mit Flöte oder Gitarre gespielt werden.

Ich möchte gern ein Vogel, eine Katze, eine Kuh … sein

Musik und Text: überliefert

Gestische Begleitung:

Die Arme nach oben strecken (Himmel), die Hände auf den Boden legen (Erde), beide Arme beschreiben einen Kreis (Sonne), eine Hand klopft auf die eigene Brust (Kindlein).

Je nach dem Verwandlungswunsch, werden von allen Mitspielern ausgiebig Tierlaute imitiert. Das ist ein Muhen und Wiehern, ein Piepen, Miauen und Brüllen!

Verwandlungsrätsel mit Requisiten oder Handpuppe

Material und Vorbereitung:
Typische Kopfbedeckungen oder andere Requisiten zu bestimmten Faschingsfiguren für die Sprecherin oder für eine Handpuppe (Clown, Tiger, Käferchen, Prinzessin, Feuerwehrmann, Hexe, Fee ...), die die verschiedenen Figuren symbolisieren; alternativ auch Abbildungen von geläufigen Faschingsfiguren

Will mich heut verwandeln,
möchte jemand anders sein.
Kannst du mich erkennen,
meinen Namen nennen?
Was?!?
Du weißt nicht, wer ich bin!
Dann schau mal genau hin!

Monika Lehner

Um den kleinen Spruch entspinnt sich ein lustiges Verwandlungsrätsel. Immer wieder werden die Zeilen wiederholt und jedes Mal erscheint eine andere Figur: Clown, Tiger, Käferchen, Prinzessin, Feuerwehrmann, Hexe, Fee oder vielleicht ein kleines Gespenst ... Nach jedem Durchgang wird das Rätsel gelüftet und die Figur benannt. Vielleicht erzählen einzelne Kinder spontan ihre Gedanken dazu, bevor es weitergeht.

Ebenso können wir auch der Reihe nach einfach Bilder oder Zeichnungen von bekannten Faschingsfiguren zeigen.

Der verkleidete Schneemann

Material und Vorbereitung:
Festes Packpapier oder Graupappe weiß bemalen, drei runde Formate für den Schneemann ausschneiden und zusammensetzen, in Größe und Farbe dazu passende Kleidungsstücke und Accessoires aus Tonpapier ausschneiden und mit flüssigem Bastelkleber aufkleben.

Ach lieber, lieber Schneemann,
was ist mit dir passiert?
Du bist nicht mehr winterweiß,
bist bunt und kariert!
Auf deinem Hut blüht eine Rose
und wild gestreift ist deine Hose.
Hast plötzlich grüne Locken,
auch rot und gelbe Socken.
Und auf deiner lila Jacke
wimmeln blau und rote Flocken.
Der Winter ist vorüber,
es kommt die Faschingszeit!
Bunt und laut und lustig –
wir Kinder sind bereit!

Monika Lehner

Durchführung:
Rund um einen gemalten Schneemann (vielleicht noch aus der Winterdekoration!) entsteht ein kleines überraschendes Verwandlungsspiel. Die Kinder sitzen im Kreis, der Schneemann liegt in der Mitte. Textbegleitend legen wir jeweils die aus Tonpapier vorbereiteten Kleidungsutensilien auf. Als Flocken lassen wir farbige Papierkreise auf den Schneemann rieseln. Dies kann einige Male wiederholt werden, bevor wir mit den Kindern die bunten Kleider aufkleben und so den Schneemann endgültig in eine Faschingsfigur verwandeln: Einstimmung der Kinder, lustiger Reim und Raumdekoration in einem.

Lustige Faschingslieder

Praxis-Ideen

Wer will lustige Masken sehn?

Musik überliefert (nach „Wer will fleißige Handwerker sehn“)
Textbearbeitung: Monika Lehner

Wer will lustige Käfer sehn ...
Wer will eine Prinzessin sehn ...
Wer will wilde Tiger sehn ...
Wer will lustige Hexen sehn ...
Wer will zarte Feen sehn ...
(... und was sich noch so alles auf dem Faschingsfest tummelt.)

Wir singen das Lied nach der bekannten Melodie von „Wer will fleißige Handwerker sehn“ und klatschen ab „O wie fein ...“ dazu in die Hände. Für jedes Kind wird die Melodie wiederholt, dabei benennen wir die Kinder reihum in ihrer Verkleidung, für nicht kostümierte Kinder setzen wir deren Vornamen ein. Zum Schluss wiederholen wir noch einmal die Grundstrophe.

O du liebe Faschingszeit

Musik überliefert (nach „O du lieber Augustin“)
Text: Monika Lehner

Die letzten zwei Takte als leise gesungenes Echo, dann Wiederbeginn mit Schwung.

Wenn sich zwei … küssen

„Wenn sich zwei … (Tiger, Käfer, Prinzessinnen, Clowns usw.) küssen, dann müssen, müssen, müssen sie ganz, ganz fein behutsam sein.“

Wir singen das beliebte Lied vom behutsamen Küssen der Igel reihum für jedes Kind und benennen dabei die einzelnen Kostümierungen. Mit Daumen und Mittelfinger bilden wir eine kleine Schnauze und berühren damit das Kind an Mund, Nase oder Stirn. Jedes Kind fühlt sich so wahr- und wichtiggenommen!

Jetzt kommt die lustige Faschingszeit

Text: überliefert; Textergänzung und Melodie: Wilhelm Keller
aus: LUDI MUSICI, Band 1; © Fidula-Verlag Boppard/Rhein (www.fidula.eu)

Spaßiger Vokaltausch mit „Aram, sam, sam"

Musik und Text: überliefert

Aram sam sam, Aram sam sam,	*Bei jeder Silbe auf beide Oberschenkel patschen.*
gulli gulli gulli gulli gulli	*Handflächen vor der Brust umeinander kreisen lassen.*
ram sam sam.	*Bei jeder Silbe auf beide Oberschenkel patschen:*
Arafi, arafi,	*Beide Handflächen seitlich hochheben.*
gulli gulli gulli gulli gulli	*Handflächen vor der Brust umeinander kreisen lassen.*
ram sam sam.	*Bei jeder Silbe auf beide Oberschenkel patschen.*

Variation:

Arim sim sim, arim sim sim,
gulli gulli gulli gulli gulli
rim sim, sim.

Arafi, arafi,
gulli gulli gulli gulli gulli
rim sim sim.

Meist kennen und lieben die Kinder das so wunderbar unsinnige Lied mit seinen dynamischen Gesten. Das Lied lässt sich in Lautstärke und Tempo variieren. Besonderer Spaß kommt auf, wenn wir es zwischendurch so schnell singen, dass sich Silben und Gesten gleichsam überschlagen! Als lustige Variation lassen wir plötzlich anstatt „Aram sam sam“ ein „Arim, sim sim“ oder „Arum sum sum“ erklingen. Stellen wir dies während des Singens mit komödiantisches Talent dar, so als wäre der Vokaltausch auch für uns überraschend und etwas irritierend, ist uns die Freude der Kinder sicher. Gehen die Kinder auf das Spiel mit den Vokalen ein, lässt sich das Lied immer weiter ausbauen: a, e, i, o, u, ä, ö, ü, ei, eu!

Hexenfrühstück

Reiten Hexen lustig durch unser Faschingsfest, darf das Hexenfrühstück nicht fehlen. Was für eine Erleichterung, wenn statt „Fröschebein und Krebs und Fisch“ leckeres Backwerk auf dem Teller liegt!

Morgens früh um sechs, kommt die kleine Hex’.
Morgens früh um sieben, schält sie gelbe Rüben.
Morgens früh um acht, wird Kaffee gemacht.
Morgens früh um neun, geht sie in die Scheun’.
Morgens früh um zehn, macht sie Holz und Spän’.
Feuert an um elfe, kocht dann bis zum zwölfe:
Fröschebein und Krebs und Fisch.
Hurtig, Kinder, kommt zu Tisch!

überliefert

Ich ging einmal nach Buschlabeh

Musik und Text: überliefert
Textbearbeitung: Monika Lehner

Ich ging einmal nach Buschlabeh, Buschlabeh, Buschlabeh, nach Buschlabeh am großen See, großen See.	*Gehende Bewegung mit Händen, runden See am Boden andeuten.*
Und im dem See ein Hexenhaus, Hexenhaus, Hexenhaus, da schauen viele Hexen raus, Hexen raus.	*Hände formen ein Dach; Fernglas vor den Augen formen, umherblicken.*
Die erste sprach: Komm, iss mit mir, iss mit mir, iss mit mir.	*Löffeln andeuten.*
Die zweite sprach: Komm, trink mit mir, trink mit mir.	*Imaginären Trinkbecher leeren.*
Die dritte sprach: Komm, tanz mit mir, tanz mit mir, tanz mit mir.	*Zeigefinger beschreibt einen Tanzkreis.*
Die vierte sprach: Komm, schlaf bei mir, schlaf bei mir.	*Gesicht auf beide Hände legen. Augen schließen.*

Die fünfte nahm ein' Ziegelstein,
Ziegelstein, Ziegelstein
und warf ihn auf mein armes Bein, armes Bein.

Beide Hände heben einen„schweren(!)" Stein hoch; nach unten werfen.

Da rief ich laut: o weh, o weh, weh o weh,
weh o weh,
o weh, o weh, mein armer Zeh, armer Zeh.

Fuß in die Hand nehmen; jammernde Mimik, den großen Zeh reiben.

Ich geh nie mehr nach Buschlabeh,
Buschlabeh, Buschlahbeh
Ich geh nie mehr nach Buschlabeh, Buschlabeh.

Kopfschütteln. Zeigefinger geht hin und her.

Zur Einführung des Liedes zeigen wir den Kindern freundliche Abbildungen einer Hexe und eines Hexenhauses – vielleicht sogar selbst gezeichnet. Bringen wir auch ruhig einmal einen kleinformatigen Ziegelstein mit in die Kita und betrachten ihn gemeinsam mit den Kindern, die ihn hochzuheben versuchen. So ein Stein ist wirklich schwer!

Ein besonderes „Highlight" wird das Buschlabeh-Lied beim Faschingsfest, wenn eine Kollegin unverhofft bei der vorletzten Strophe Schuh und Strumpf auszieht und ein dick mit Mull verbundener großer Zeh mit roter Schleife zum Vorschein kommt – eindrucksvolles Gejammer natürlich inklusive! Die Kinder sind verblüfft und schwanken zwischen freudiger Überraschung und Mitgefühl, der Spaß wird jedoch überwiegen. Wir lösen die Situation am Ende des Lieds bzw. nach mehrmaliger Wiederholung auf und wickeln den Verband ab. Und siehe da: „Alles wieder heile!"

Eingängige Melodien, sprechende Texte und Gesten sind wichtig – aber ohne unsere Freude, ohne unseren Enthusiasmus beim Vorsingen und Vorspielen wird kein Faschingsfunke überspringen. Wie ein guter Puppenspieler oder Clown versuchen wir die Kinder zu faszinieren, zum Lachen zu bringen und sie mitzunehmen in eine ausgelassene Karnevalsstimmung.

Clownereien

Der Clown bietet sich in der Vorbereitung und Durchführung des Faschings als ideales Thema an. Er repräsentiert die Verkleidung und Verwandlung, treibt allerlei lustige Späße und ist von jeher der Freund der Kinder. Die Doppelbödigkeit der Clownsrolle bleibt kleinen Kindern dabei noch verborgen. Sie erleben Spaß und Schabernack ohne Hinterfragen, ihr Lachen kommt ganz unmittelbar aus tiefstem Herzen.

Wir betrachten gemeinsam die Zirkuswelt in einem Bilderbuch. Hier eignet sich zum Beispiel das große Wimmelbuch „Im Zirkus" (von Doro Göbel und Peter Knorr, Beltz-Verlag, Weinheim/Basel 2009). Was es in der bunten Zirkuswelt nicht alles zu entdecken gibt! Vielleicht hat das eine oder andere Kind auch schon einmal eine Zirkusvorstellung besucht und findet seine eigenen Erlebnisse und Eindrücke in den Zeichnungen bestätigt.

Kleine Geschichte „Vom Clownkind und seinen Freunden"

Wir erzählen unseren Kindern die kleine Geschichte „Vom Clownkind und seinen Freunden" und nehmen sie mit Gesten und direktem Körperkontakt mit in die Erzählung hinein. Am Schluss möchten unsere Zuhörer vielleicht gleich einen Purzelbaum in der angedeuteten Manege probieren. Dabei helfen wir den kleinen Clowns natürlich gerne!

Praxis-Ideen

Vom Clownkind und seinen Freunden

In einem kleinen Zirkus wohnt eine Clownmama, ein Clownpapa und ein kleines Clownkind mit roter Nase.

Clownsnase bei Mama und Papa jeweils aufsetzen und wieder abnehmen; beim Kind Clownsnase aufsetzen und aufbehalten.

Mama hat sehr viel zu tun. Sie muss die Clownshose waschen und aufhängen und zwischendurch immer wieder Purzelbaum üben.	*Beide Hände aneinander reiben; links und rechts pantomimisch Wäsche an eine Leine hängen; mit der rechten Hand einen großen Kreis neben sich beschreiben.*
Auch Papa hat viel zu tun. Er muss die großen Clownsschuhe und seine rote Nase immer schön glänzend putzen.	*Eine Handfläche wienert die Schuhe und die Nase.*
Das kleine Clownkind ist ein wenig traurig, denn niemand spielt mit ihm.	*Kopf und Schultern hängen lassen.*
Am Nachmittag kommen viele Kinder in den kleinen Zirkus. Jedes Kind bezahlt mit einem Geldstück.	*Gehende Bewegung mit den Händen; Hand ringsum aufhalten, Kinder schlagen jeweils ein.*
Sie möchten die Clownmama beim Purzelbaumschlagen sehen und lachen über die rote Nase vom Clownpapa.	*Großen Kreis neben sich beschreiben; an der Nase reiben.*
Ganz langsam und leise kommt das Clownkind in den kleinen Zirkus. Es bemerkt die vielen Kinder im Publikum gar nicht.	*Schleichende Bewegung mit Händen; der Blick ist gesenkt.*
Da klatschen die Kinder und rufen laut „Bravo!". Das Clownkind blickt erstaunt zu den Kindern auf, schlägt vor Freude einen Purzelbaum und verbeugt sich mit großem Schwung.	*Fröhliches Klatschen. Aufblicken; einen großen Kreis neben sich beschreiben; Verbeugung mit Kopf und Armschwung andeuten.*
Was holt denn das kleine Clownkind da aus seinen Hosentaschen? Für jedes Kind eine schöne, rote Nase! So wird ganz rasch, man glaubt es kaum, aus jedem Kind ein kleiner Clown.	*Erstaunter Ausdruck; beide Hände holen imaginäre Gegenstände aus den Taschen; reihum stupsen wir jedes Kind an die Nase.*

Jetzt wird gemeinsam gespielt und gelacht und immer wieder ein Purzelbaum gemacht. „Bravo, Kinder! Bravo!“

Arme ausgebreitet, einladende Geste; großen Kreis neben sich beschreiben; fröhliches Klatschen und Bravorufen.

Wie im Bilderbuch bilden die Kinder im Bodenkreis eine „Zirkusmanege“. Wir erzählen die kleine Geschichte frei mit begeisternder gestischer Begleitung. Der Text der Geschichte darf als Anregung zur Ausschmückung und Improvisation verstanden werden. Einzige Requisite ist dabei eine rote Clownnase!

Clownsnase, rasch gebastelt

Material:

Eierkarton, Tesakrepp, Gummi, Schere, ggf. Zeitungspapier und Kleister für Pappmaché

Aus einem Eierkarton schneiden wir ein „Becherchen“ aus, verstärken es an den Schnitträndern mit Tesakrepp und bemalen es mit gut deckender roter Farbe. Nach dem Trocknen wird seitlich je ein Loch gebohrt, ein Stück Hosengummi durchgefädelt und innen verknotet. Fertig!

Mit etwas mehr Aufwand, lässt sich auch eine kugelrunde Nase formen. Hier wird der Eierkarton als Rohling für gut formbares Pappmaché verwendet. Weiterverarbeitung wie oben.

Kamishibai – Das Erzähltheater „Fasching, Fastnacht & Karneval feiern mit Emma und Paul"

Mit dem Kamishibai, ein ursprünglich aus Japan stammendes Tisch- oder Erzähltheater, können wir den Kleinkindern großformatig Bildfolgen präsentieren und dazu die zugrunde liegende Handlung frei erzählen. Wird die immer ein wenig geheimnisvolle Holzkiste des Kamishibai (Bezug: www.donbosco-medien.de) hervorgeholt, sind die Kinder mit großer Freude dabei. Welche Bilder, welche Geschichten verbergen sich wohl hinter den noch geschlossenen Türen? Mit einem kleinen Reim holen wir alle Kinder in die Situation und fassen so das kleine Erzählritual rund um das Kamishibai. Willkommen im Erzähltheater!

Praxis-Idee

Unser Kamishibai öffnet sich

Liebe Kinder, kommt herbei,
wir öffnen das Kamishibai.

Die Türen sind zu,
bald gehen sie auf,
alle warten schon darauf.

Da sind ja die Kinder! Juhei!
Wir öffnen das Kamishibai.

Nach der Präsentation der Bildkarten

Die Türen schließen.
Es ist vorbei.
Auf Wiedersehen, Kamishibai!

Monika Lehner

Fasching, Fastnacht & Karneval feiern mit Emma und Paul

Im Bildkartenset „Fasching, Fastnacht, Karneval feiern mit Emma und Paul“ (Don Bosco, München 2012) erleben die beiden Kinder *Emma und Paul* die turbulente Faschingszeit. Sie basteln Girlanden und Masken aus buntem Papier und verkleiden sich mal als Tiere, mal als Clown, Prinzessin oder Blütenfee. Gemeinsam backen sie Faschingskrapfen, dekorieren für die große Party und erleben beim lustigen Faschingsfest mit Tanz und Spiel eine kleine Überraschung. Die Freude der Kinder und ihre erste Begegnung mit Rollenspiel und Verwandlung ist

ebenso Gegenstand der Bildkarten wie Sachbegriffe rund um das Faschings- und Karnevalsfest.

Zum Umgang mit dem Erzähltheater – Didaktische Hinweise für die Krippe

Holen wir das Kamishibai hervor, lassen sich die Kinder nicht lange bitten, sammeln sich im Bodenkreis und warten gespannt, dass sich die Türen öffnen und der Vorhang sich hebt. Eine Erzieherin sitzt auf einem Hocker leicht erhöht im Kreis, hält das Kamishibai auf dem Schoß und präsentiert es langsam und mit ein wenig Spannung dem erwartungsfrohen Publikum. Eine Kollegin sitzt mit im Kreis bei den Kindern. Sie kann die Einjährigen zu sich nehmen und in der Gruppe hier und da ein wenig strukturierend wirken. Der Text wird von der Erzieherin parallel zum Bildkartenwechsel frei vorgetragen. Dabei kann erzählerisch improvisiert und ausgeschmückt werden. Ist man im Team gut eingespielt, kann eine Kollegin die Bildkarten präsentieren, während die andere vorliest oder erzählt. Vielleicht schließen und öffnen sich die Türen des Erzähltheaters auch während der „Vorstellung" – notwendige Unterbrechungen oder dynamische Elemente der Erzählung können so wunderbar eingebaut werden.

Nachdem alle Bildkarten betrachtet sind, erscheint abermals der rote Vorhang. Während sich die Türen des Erzähltheaters langsam schließen, verabschieden die Kinder fröhlich winkend das kleine Theater. Die letzten Zeilen unseres Reims beenden den „Theaterbesuch".

Einsatz des Erzähltheaters

Öffnen wir das Kamishibai in der Faschingszeit, aber auch zur Nachbereitung des Faschingsfestes. Die Kinder finden ihr eigenes Erleben gespiegelt und vertiefen so ihre Eindrücke und Erinnerungen. Die Geschichte im Erzähltheater bleibt ganz nah an der Erfahrungswelt der Ein- bis Dreijährigen, lässt sich jedoch auch für andere Altersstufen gut nutzen. Die Bildkarten werden je nach Bedarf gezeigt oder übersprungen, auch eine Erweiterung der „Vorführung" nach und nach bietet sich an und ist in der Praxis leicht durchführbar – eine der Stärken des Erzähltheaters.

Spiel-Spaß und buntes Karnevalstreiben

Lustige Bewegungsspiele und erste Tänze

Kleine Kinder lieben es, fröhlich und unbeschwert nach Liedern und Musik zu tanzen. Sie bewegen sich dabei spontan aus sich heraus und mit Begeisterung im Takt. Sie lieben aber auch die Wiederholung und die ritualisierte Form von Spielabläufen. Deshalb bieten wir immer wieder Tanzspiele im Kreise an und üben so gemeinsam mit den Kindern die festgelegten Spielabfolgen langsam ein.

Praxis-Ideen

Luftballontanz und Luftballonbett

Luftballons hängen nicht nur auf den lustigen Faschingsgirlanden, es lässt sich auch eine ganze Menge Spaßiges damit anfangen: Schon das Aufblasen der Ballons lässt sich witzig gestalten, und wenn erst die Luft mit lautem Quietschen immer wieder entweicht, kommt ausgelassene Freude auf!

Die Kinder bewegen sich im Raum mit vielen aufgeblasenen Ballons, versuchen sie spontan zu fangen und stupsen sie wieder in die Luft. Dynamik und Bewegung kommt ganz von selbst ins Spiel.

Oder wir packen viele Ballons in einen Bettbezug. Das Luftballonbett lädt die Kinder zum Liegen und darauf Herumkullern ein und ist erstaunlich strapazierfähig.

Hokuspokus auf der Zauberdecke

Die Kinder versammeln sich am Boden auf einer Decke und werden nun mit „Hokuspokus Fidibus“ und „drei mal schwarzem Kater“ in verschiedene Tiere verwandelt. Mit den entsprechenden Bewegungen und Lauten tummeln sich die verzauberten Kinder im Raum, bevor sie sich nach einem Gongschlag oder lautem Klatschen wieder auf der Decke sammeln und gespannt sind, in welches Tier sie wohl als nächstes verzaubert werden.

Seifenblasen

Seifenblasen, große und kleine, einzelne und ganze Schwärme, versetzen unsere Kinder ins Staunen. Jedes Kind möchte eines dieser zauberhaften Gebilde fangen. Doch kaum werden sie berührt, zerplatzen sie wie Traumgebilde. Die Beschäftigung mit Seifenblasen wirkt sowohl dynamisch als auch beruhigend – beide Impulse haben im Karnevalstrubel ihre Berechtigung.

Wir wolln einmal spazierengehn … oder „Das wilde Tier"

Musik und Text: überliefert

Durchführung:

Das Lied wird im Kreis vorgestellt und bald schon singen die Kinder mit. Nun kommen wenige Utensilien hinzu: Ein Bauklotz und als „wildes Tier" eine aus einem Strumpf gefertigte Handpuppe (··· Seite 69) oder ein Kuscheltier aus der Kita. Zunächst betrachten wir das eigentlich recht zahme Tier reihum und jedes Kind darf es streicheln.

Im Raum umherschlendernd, beginnen wir das Lied zu singen. Bei „um fünf da pocht's" klopfen wir mit dem Bauklotz auf den Boden oder auf ein Möbelstück. Bei der Zeile „um sechs, da kommt's!" kommt nun das „wilde Tier" ins Spiel. Anfangs zeigt es sich nur, dann stupst es einzelne Kinder lustig an und wird im weiteren Spielverlauf immer dynamischer.

Finden die Kinder Spaß dabei, kann sich gar eine kleine turbulente „Verfolgungsjagd" entwickeln. Die Kinder freuen sich schon aufgeregt auf das laute Pochen und laufen weg vor dem wild brüllenden Tier, das nach ihnen schnappen will.

Das Lied spielt ein wenig mit der Aufregung und dem Kitzel, verfolgt und erwischt zu werden. Wichtig ist, die Spiel-Dynamik so zu dosieren, dass dieses prickelnde Gefühl nicht in Angst umschlägt.

Wir schnappen deshalb mit der Handpuppe nur nach den Kindern, die dies offensichtlich mögen. Andere wollen nur beobachten oder mitlaufen bzw. distanzieren sich ganz von dem Spiel. Eine Kollegin nimmt ängstliche Kinder in ihre Obhut. So können sie dem aufregenden Treiben aus sicherer und behüteter Distanz zusehen.

Zum Abschluss wird das „wilde Tier" immer müder und kann nur noch langsam hinter den Kindern herschleichen. Schließlich fällt es im Arm der Erzieherin in tiefen Schlaf. Vielleicht trauen sich die Kinder nun heran, um sich zu überzeugen, dass es wirklich schläft und streicheln sanft über sein Fell.

„Wildes Tier“ als Handpuppe fertigen

Material:

Ausgedienter Wollstrumpf, roter und weißer Bastelfilz, zwei Knöpfe

Ganz einfach wird ein Wollstrumpf zur Handpuppe, indem wir mit der Hand hineinschlüpfen, den Daumen in die Ferse stecken und die anderen vier Finger in den Vorderfußbereich. So kann das „wilde Tier“ sein Maul öffnen und schließen. Die Handfigur kann nach Belieben mit Augen (Knöpfe annähen), Ohren und Haarbüschel (aus Stoff- und Wollresten) ergänzt werden.

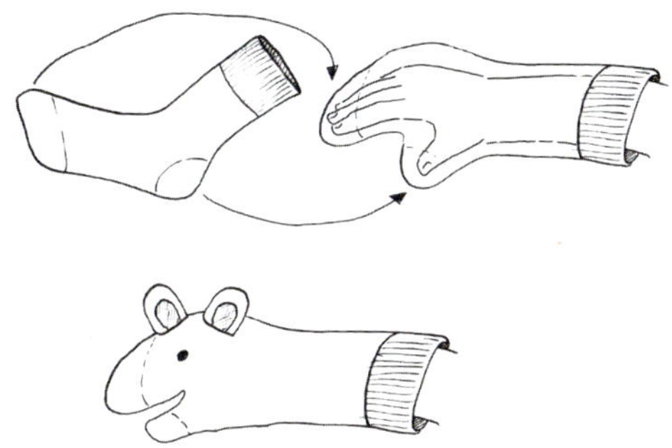

Bewegungslied für die Faschingszeit

Musik und Text: Monika Lehner

Das Lied mit seinen Anregungen zum Mitmachen erklärt sich selbst. Zunächst wird die Melodie im Bodenkreis gesungen und einige Male wiederholt: *klatschen, stampfen, trommeln.* Bald haben die Kinder Reim und Melodie intus, stehen auf und bewegen sich schließlich im Raum: *hüpfen, springen, krabbeln, rollen, tanzen, laufen, rennen.* Zum Abschluss kommen alle wieder zurück in den Kreis. Wir beenden das Bewegungslied mit „*... dann ruhen wir, ta ram tam tam*", werden immer leiser und legen dabei die Wange seitlich auf die Hände.

Es tanzt ein Bi-Ba-Butzemann

Dieses uralte Tanzspiel bereitet kleinen Kindern immer großen Spaß und eignet sich bestens für das Faschingstreiben in der Kita. Wir singen und tanzen die allseits bekannte Melodie langsam und schnell und immer schneller, bis nicht nur die Silben durcheinander purzeln, sondern auch unsere Arme und Beine. Oder wir singen das Lied zunächst flüsternd, um anschließend immer lauter zu werden. Stets wird das Lied gestisch begleitet und alle tanzen dabei lustig durch den Raum.

Es tanzt ein Bi-Ba-Butzemann
in unserm Kreis herum, fidibum.
Es tanzt ein Bi-Ba-Butzemann
in unserm Kreis herum.
Er rüttelt sich, er schüttelt sich,
er wirft die Beine hinter sich (*Variation:*
er wirft sein Säcklein hinter sich).
Es tanzt ein Bi-Ba-Butzemann
in unserm Kreis herum, fidibum.

Hexentanz

Musik und Text: überliefert

Zunächst tanzt die Erzieherin zu der kleinen Melodie auf dem kleinen Hexenbesen. Sie nimmt ihn zwischen die Beine und hüpft damit im Takt. Das Lied wird für alle tanzfreudigen Kinder wiederholt, jedes Mal wird die Farbe der Schuhe angeglichen.

Kleine Kinder nehmen den Besen meist so zwischen die Beine, dass die Reisigzweige nach vorne zeigen. Das ist verständlich, da sie den „Besen“ ja sonst selbst nicht sehen würden. Auch wird der Besen oft einfach nur in die Hand genommen. Alles ist recht – der „Hexenführerschein“ kennt keine Fehler!

Vom Tanzen mit Ein- bis Dreijährigen

Bewegungslust, Spielfreude und noch viel mehr

Bewegungslust und Spielfreude stehen beim Tanzen mit Ein- bis Dreijährigen an allererster Stelle. Die Bedeutung des gemeinsamen Tanzens kann also gar nicht überschätzt werden. Spielerisch fördern wir dabei:

- Freude an Musik und Gesang
- Bewegungs- und Tanzfreude
- Körpergefühl und Bewegungskoordination
- Koordination von Sprache und Bewegung
- Kenntnis von Begriffen rund um Körper und Bewegung
- Sprachentwicklung
- Rhythmus- und Musikgefühl
- Räumliche Wahrnehmung
- Gedächtnis für Text, Melodie und Spielablauf
- Kennenlernen und Einüben des „An-die-Reihe-Kommens“
- Wahrnehmung der Gruppe sowie der eigenen Position innerhalb der Gruppe
- Selbstwahrnehmung und Selbstwertgefühl

Eine ganze Reihe der bekannten Tanz- und Kreisspiele eignen sich hervorragend für den Einsatz in der Krippe. Da die Spielregeln und -abläufe für das Verständnis und Erleben der Ein- bis Dreijährigen häufig zu komplex sind, modifizieren wir die Spiele altersgerecht und wandeln sie entsprechend den Bedürfnissen und Möglichkeiten der Kinder ab. Über eine notwendige Altersanpassung des Angebots sollte schon in der Planung nachgedacht werden oder bei Bedarf spontan in der Spielsituation. Die Kinder dürfen sich nicht überfordert fühlen oder ein Tanzspiel als Lernaufgabe erleben: Tanzen soll Spaß machen!

Nicht die Kinder passen sich den Spielregeln an, sondern die Spielregeln müssen an den Entwicklungsstand der Kinder angepasst werden. Gute Wahrnehmung der Kinder und unsere Flexibilität und Spontaneität sind hier gefragt!

Wir bilden einen Kreis

Oft ist ein geschlossener Kreis die Ausgangsform für ein Tanzspiel – vom „Häschen in der Grube“ bis zum „Tanzbären“. Hier liegt für unsere Kinder schon die erste Herausforderung. „Will ich in den Kreis oder nicht? – Wem will ich die Hand geben und wie schaffe ich das, ohne mein Kuscheltier aus der Hand zu geben? – Eigentlich will ich viel lieber in die Mitte des Kreises!“ ... und die Allerkleinsten wollen bzw. sollen an die Hand (oder auf dem Arm) der Erzieherin.

Wir lassen den Kindern die Zeit, die sie brauchen, um sich in den Kreis einzufinden. Gibt der Spielverlauf vor, dass sich der Kreis *immer wieder löst* und wiederfindet, geben wir den Kindern die notwendige Zeit auch *immer wieder*.

Ein- bis Dreijährige tasten sich an diese Form erst heran. Seinen Platz in einer Gruppenformation zu finden, will geübt sein und ist damit wichtiger Teil des Spiels. Im Laufe der Zeit lernen die Kinder, ganz selbstverständlich einen Kreis zu bilden.

Sich in den Tanzkreis einzufinden, dauert mit Ein- bis Dreijährigen meist genauso lang wie der Tanz selbst. Diese Zeit ist keine „verlorene Zeit“. Die Kinder lernen dabei, sich in die Gruppe und in eine vom Spiel vorgegebene Struktur einzugliedern. Begreifen und schätzen wir den pädagogischen Nutzen dieser wichtigen Findungs- und Orientierungsphase im Spiel.

Paarweise tanzen

Auch die paarweise Anordnung der Tanzpartner ist für kleine Kinder eine Herausforderung. Ob der Spielverlauf dies vorsieht oder wir uns frei tanzend zur Musik bewegen – es ist gar nicht so leicht, sich zu zweit anzufassen, sich zu drehen oder Seitschritte zu vollziehen. Dreijährige können und mögen dies schon häufig, während sich jüngere Kinder lieber im Dreier- oder Viererkreis mit einem Erwachsenen bewegen. Wir folgen aufmerksam den Bedürfnissen der Kinder und bilden Tanzgrüppchen je nach Bedarf. Ein Spiel in Paaranordnung – etwa „Brüderchen, komm tanz mit mir" – lässt sich problemlos auch im größeren Kreis oder ganz frei, also jedes Kind für sich, durchführen. Hier kommt es auf unsere Offenheit und Spontaneität an. Gehen einzelne Kinder schon gerne in die Zweierformation, ist es umso schöner!

Alle machen alles gleichzeitig!

Ein Charakteristikum im Zusammensein mit Ein- bis Dreijährigen ist ihr Bedürfnis, immer alles gemeinsam und möglichst gleichzeitig zu machen. Der Nachahmungstrieb der kleinen Kinder ist groß und ihre individuelle Prägung befindet sich noch in den Anfängen.

Nehmen wir zum Beispiel das Bewegungslied „1,2,3 im Sauseschritt" (aus: *Das Krabbelmäuse-Liederbuch. 100 quicklebendige Spiellieder für die Kleinen,* hrsg. von Detlev Jöcker, Menschenkinder Verlag, Münster 1997):

1, 2, 3 im Sauseschritt, alle Kinder machen mit.
Die *Lisa* ist nun an der Reih und läuft an uns vorbei:
Bücken, strecken, rundum drehn,
viermal klatschen, stampfen, stehn.

In der Praxis mit Ein- bis Dreijährigen wird bei diesem beliebten Spiel schnell klar, dass das benannte Kind nicht einzeln innen oder außen um den Tanzkreis eine Runde läuft, während die anderen Mitspieler singen und geduldig auf den Refrain warten. Ganz und gar nicht! Vielmehr machen alle alles gleichzeitig! Wir benennen im Spielverlauf zwar pro Durchlauf jeweils ein Kind namentlich, aber *alle Teilnehmer* laufen durcheinander, alle bücken und strecken sich, alle stampfen, klatschen und stehen. Das macht Spaß!

Mittelpunktrolle

Bei einer Reihe von Tanzspielen ist vorgesehen, dass abwechselnd *ein Kind* im Mittelpunkt steht. Dies fällt nicht allen Kindern leicht! Während sich manche Kinder ganz selbstverständlich in die Kreismitte setzen (oder drängen), trauen sich andere nicht, obwohl es sie reizen würde. Manchem Kind mag eine Rolle im Zentrum der Aufmerksamkeit auch wesensfremd sein. Wir versuchen die Empfindungen der Kinder aufmerksam wahrzunehmen und zu respektieren. Einem schüchternen Kind kann man eine kleine Brücke bauen und anbieten, sich mit einem Freund in den Kreis zu setzen. Das gibt vielleicht Sicherheit. Mehr als eine Anregung sollte dies jedoch nicht sein. Vermeiden wir, die Kinder zu drängen! Sie dürfen sich in ihrem eigenen Tempo der Spielidee und der Mittelpunkt-Rolle nähern.

Selbstverständlich gibt es beim Tanz in der Kita keinen „Mitmachzwang". Oft kommt es aber vor, dass ein Kind nur das persönliche „Highlight" eines Spiels wahrnehmen möchte, um dann wieder seiner Wege zu gehen – z. B. verliert das Kind sein Interesse an „Häschen in der Grube", nachdem es die Häschenrolle innehatte. Um der Gruppe und der anderen Kinder willen halten wir das Kind hier durchaus dazu an, das Spiel mit zu Ende zu führen – je älter das Kind ist, umso nachdrücklicher. Hier wird soziales Miteinander eingeübt!

Beobachterrolle

Manchen Kindern ist das Tanzen im Kreise noch nicht ganz geheuer. Sie fühlen sich durch die Einbindung in einen nicht von ihnen selbst gesteuerten Bewegungsablauf verunsichert. Gleichwohl finden sie, von einem geschützten Platz aus, am Geschehen durchaus Gefallen. Sie beobachten die anderen Kinder, klatschen vielleicht sogar mit, und die Jüngsten bewegen Arme und Beine fröhlich im Takt.

Die Beobachterrolle ist eine wichtige Möglichkeit der Teilhabe und sollte unbedingt akzeptiert werden. Wir führen die Kinder ja erst hin zum gemeinsamen Tanzen. Nehmen wir allerdings wahr, dass ein Kind gerne mittanzen würde, sich aber nicht traut, nehmen wir es behutsam mit hinein in die Gruppe, zunächst vielleicht an der Hand der Erzieherin.

Ertanzen statt erlernen

Kinder lernen am besten im selbstbestimmten, lustvollen Tun. Lassen wir die kleine Schar ruhig immer wieder durcheinanderwirbeln, so wie es ihrem Bedürfnis entspricht, um sie dann wieder im Kreis zusammenzufassen. Durch die oftmalige, freudige Wiederholung eines Liedes mit Gestenbegleitung oder eines Tanzspiels mit bestimmten Bewegungsfolgen eignen sich die Kinder die „Spielregeln" quasi nebenbei an. Langsam werden die Abläufe der Spiele und Tänze verinnerlicht.

Lassen die Kinder beispielsweise immer wieder die Handfassung im Kreise los oder klatschen bereits, bevor Klatschen an der Reihe ist, akzeptieren wir dies und kritisieren die Kinder auf keinen Fall für ihre aus spontaner Bewegungsfreude entspringenden Impulse.

Tanzen ist Freude! Die spontane Bewegung eines kleinen Kindes kann gar nicht „falsch" sein! Wir bestärken die Kinder in ihrer Körper- und Bewegungswahrnehmung und führen sie entsprechend langsam an die „Spielregeln" der Tanz- und Kreisspiele heran.

Sollten sich die Dreijährigen bei Tanzspielen von den Jüngsten arg gestört fühlen, kann es in der Praxis geboten sein, zwei Gruppen zu bilden: Während die einen schon „richtig" tanzen (wollen), dürfen die anderen noch ganz ihrem spontanen Bewegungsbedürfnis folgen.

Je öfter wir ein Spiel wiederholen, umso genauer und „regelkonformer" werden die Kinder das Spiel mit vollziehen. Tanzspiele werden nicht einstudiert, sondern einfach getanzt!

Kulinarisches rund ums Faschingsfest

Faschingsmahlzeiten – köstlich und lustig

Servieren wir zur Morgenmahlzeit mit Marmelade gefüllte Krapfen bzw. „Berliner Pfannkuchen“, halten wir uns damit an eine vielerorts geschätzte Faschingstradition. Neben dem in Schmalz ausgebackenen Hefegebäck gibt es aber auch eine Reihe anderer Köstlichkeiten, sei es zum Frühstück, Mittagstisch oder einfach zum Naschen zwischendurch! Das kulinarische Angebot beim Faschingsfest in der Kita greift dabei das Lustig-Überraschende und Ungewöhnliche der Faschingszeit auf. Wenn es dem Geschmack der Kinder entspricht, dürfen es auch einmal „Pommes mit Ketchup“ sein. Da sich der Kita-Speiseplan in der Regel ja anders gestaltet – gesunde Mischkost mit viel Rohkost, Gemüse, ab und zu Fleisch oder Fisch und ohne Süßigkeiten – dürfen wir unseren Kindern beim Faschingsfest ruhig ausnahmsweise einmal etwas „Unvernünftiges“ anbieten.

Faschingsfrühstück

- Faschingskrapfen, Berliner Pfannkuchen
- Muffins (Seite 81)
- Smiley-Taler (Seite 81)
- Nuss- oder Schokoschnecken (Seite 83)
- Zuckerbrot: Auf vorbereitete Stücke Butterbrot streuen wir am Tisch für jedes Kind einzeln bunte Zuckerstreusel oder Schokostreusel auf die Butter. Einfach und doch sensationell!
- Pfannkuchenröllchen (Seite 83)

Mittagstisch

- Pizza Margherita mit Party-Schirmchen
- Rohkost am Spieß mit Käsewürfel (Papika- und Gurkenstückchen, Cocktailtomaten und kernlose Weintrauben abwechselnd mit Butterkäsewürfel auf Holzspieße stecken)
- Partywürstchen (Wiener Würstchen beidseitig eingeschnitten und gebraten)
- Pommes mit Ketchup

- Gemüsefrikadellen
- Mini-Sandwich (Pumpernickel-Taler oder über Eck geviertetes Toastbrot mit Butter, Frischkäse, Streichwurst oder vegetarischen Brotaufstrich füllen)

Kleine Naschereien

- Popkorn (siehe unten)
- Köstliche Käsefüßchen (Seite 82)
- Wackelpudding oder rote Grütze gestürzt (vorher ausprobieren!)
- „Zaubertrank“ (Mit einer großen Spritze geben wir Himbeersirup oder Kirschsaft in Gläser oder Tassen mit Apfelsaftschorle. Sirup oder Saft steht zum Nachfüllen in einer Schale bereit.)

Besondere Mahlzeiten gehören zu jedem Fest! Sie greifen im kulinarischen Angebot das Festethema auf und strukturieren den Festablauf auf willkommene Weise. Immer wieder trifft sich die kleine Festgesellschaft bei einer kleinen Stärkung, kommt zur Ruhe und tauscht sich im festlich-fröhlichen „Tischgeplauder“ aus.

Praxis-Idee

Popkorn, selbst gemacht

Material:
Tischherdplatte, Glastopf mit Deckel, Speiseöl, Popkorn-Mais, Zucker

Durchführung:
Die Kinder stehen um einen Tisch mit Tischherdplatte. So kann das imposante Aufpuffen der Maiskörner gut beobachtet werden.

Sicherheits-Tipps:
- Kabel sicher verlegen
- Anwesenheit von mindestens zwei Erwachsenen
- Sicherheitsabstand beachten und nicht über den offenen Topf beugen
- Kinder NIE alleine mit heißem Öl und elektrischem Gerät lassen!

2 bis 3 Esslöffel Speiseöl in einem mittelgroßen Topf erhitzen (Vorsicht! Heißes Öl kann spritzen!) und etwa 50 g Maiskörner zugeben (3 bis 4 Esslöffel). Den Glasdeckel schließen, da die Körner bald aufpoppen und mit ein wenig Geknall an den Deckel springen. Das Volumen der Maiskörner erhöht sich dabei um mehr als 40 Prozent! Sind fast alle Körner aufgesprungen, nehmen wir den Topf von der Herdplatte (die sofort sicher weggestellt wird!) und geben ein wenig Zucker über das weiße Gewölk. Vor dem Verzehr gut abkühlen lassen!

Kleine Fastnachtsbäckerei

Faschingskrapfen, Berliner Pfannkuchen

Das Traditionsgebäck selbst zu backen ist mit Ein- bis Dreijährigen nicht anzuraten. Da die Hefeteig-Rohlinge in schwimmendem Fett herausgebacken werden, ist hier die Verletzungsgefahr für die Kinder durch spritzendes, heißes Fett zu groß.

Wir backen die Faschingskrapfen in der Kita dennoch „selbst" und greifen dabei auf tiefgefrorenes Kleingebäck zurück. Die Kinder helfen beim Einpinseln des Backblechs und legen dann die „Minis" auf. „Hui, ist das kalt!" Durch das Backofenfenster kann während der kurzen Backdauer beobachtet werden, wie das Gebäck etwas aufgeht und schön glänzend gebacken wird. Schon steigt köstlicher Duft auf! Dampfend kommen die leckeren Krapfen aus dem Backrohr. Ihre Temperatur hat sich von ganz kalt in ganz heiß verwandelt! Nach dem Abkühlen darf jedes Kind mit einem Sieb ein wenig Puderzucker über die frisch gebackenen Faschingskrapfen streuen. Fertig!

Praxis-Ideen

Muffins schauen dich an!

Rührteig (Grundrezept für 12 Muffins) herstellen aus:

150 g Butter oder Margarine
250 g Mehl
2 gehäufte TL Backpulver
2 Eier
200 g Crème fraîche oder Sauerrahm
150 g Zucker
1 Prise Salz

Eier, Zucker und Butter schaumig rühren, Crème fraîche oder Sauerrahm zugeben, Mehl mit Backpulver vermischen und locker unterheben. Das Muffinblech mit bunten Papierförmchen auslegen, den Teig einfüllen und bei Mittelhitze (200° C) backen (20–25 min). Nach dem Abkühlen mit Zuckerguss bepinseln und mit bunten Smarties Gesichter dekorieren. Als „natürliche" Alternative lassen sich Rosinen, Sonnenblumen- oder Kürbiskerne zur Dekoration verwenden.

Smileys

Mürbteig herstellen aus:

300 g Mehl
2 gestrichene TL Backpulver
1 P. Vanillezucker
1 Ei
150 g Butter oder Margarine (kalt)

Mehl und Backpulver und Zucker auf einem Arbeitsbrett mischen, in der Mitte eine kleine Mulde formen, kleingeschnittene Butter oder Margarine auf dem Mehlgemisch verteilen, das Ei in die Mulde geben und mit der Gabel verrühren. Alle Zutaten rasch gut verkneten und mindestens eine Stunde kalt stellen.

Den kalten Teig ausrollen, auf etwas Mehl oder zwischen Frischhaltefolie, mit einem Glas runde Taler ausstechen, auf Backtrennpapier legen und bei Mittelhitze (175–200° C) goldgelb backen (8–10 min).

Nach dem Backen mit farbigem Zuckerguss oder Schokoglasur Lachgesichter) „aufmalen“, die Glasur gut erkalten lassen.

Zuckerguss (kalt gerührt) herstellen:
Puderzucker wird gesiebt und mit Flüssigkeit (Wasser oder Zitronensaft) verrührt, bis eine glatte, glänzende Glasur entsteht. Lebensmittelfarbe zugeben und sofort verwenden! Vorsicht mit der Flüssigkeitsmenge: Für 50 bis 60 g Puderzucker benötigt man knapp einen Esslöffel Wasser. Lebensmittelfarbe ist in Tuben oder Pulverform in der Backwarenabteilung gut sortierter Lebensmittelgeschäfte erhältlich.

Köstliche Käsefüßchen

Pikanten Mürbteig herstellen aus:
300 g Mehl
75 g Speisestärke
3 gestrichene TL Backpulver
1 Prise Salz
1 Ei
2 EL Milch
200 g Butter (oder Margarine)
150 g fein geriebener Emmentaler

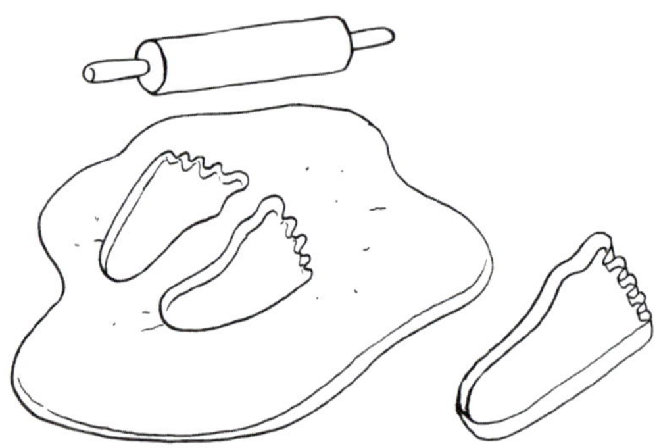

Mehl und Käse vermischen und weiter verarbeiten wie oben. Füßchen (Ausstecher in Fußform sind in verschiedenen Größen erhältlich) ausstechen, mit Eigelb bestreichen und mit Sesam oder Mohn bestreuen. Auf Backtrennpapier im vorgeheizten Ofen (175–200° C) ca. 8–10 Minuten backen.

Pfannkuchenröllchen

Vorgebackene Pfannkuchen mit dem Pizzaroller in vier gleich große Teile schneiden, Pfannkuchenecken jeweils mit Zimt und Zucker bestreuen, von der breiten Seite ausgehend zusammenrollen und mit einem bunten Party-Sticker oder Zahnstocher feststecken. Sehr einfach und sehr beliebt!

Die Röllchen können wir zur Freude der Kinder direkt am Tisch „auf Bestellung“ herstellen. Wir achten darauf, die Spießchen jeweils sicher zu verwahren, so dass sich kein Kind verletzen kann.

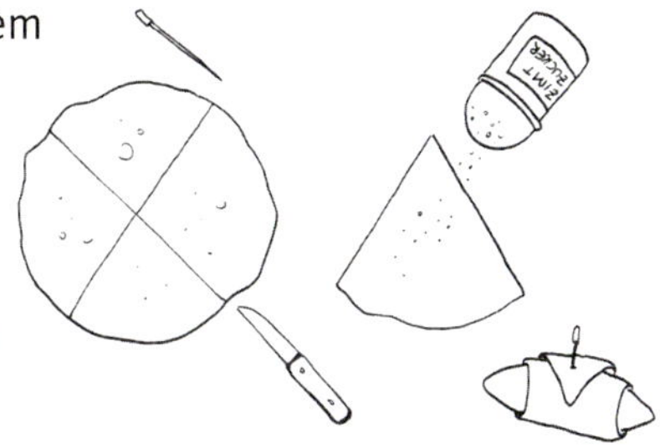

Süße Schnecken

Fertigen Blätterteig (aus dem Kühlregal) ausrollen, mit Nuss- oder Schokofüllung bestreichen und über die Längsseite locker zusammenrollen. 1 cm dicke Scheiben von der Teigrolle abschneiden und auf Backtrennpapier auslegen, die Schnecken kurz (Backanweisung) goldbraun backen.

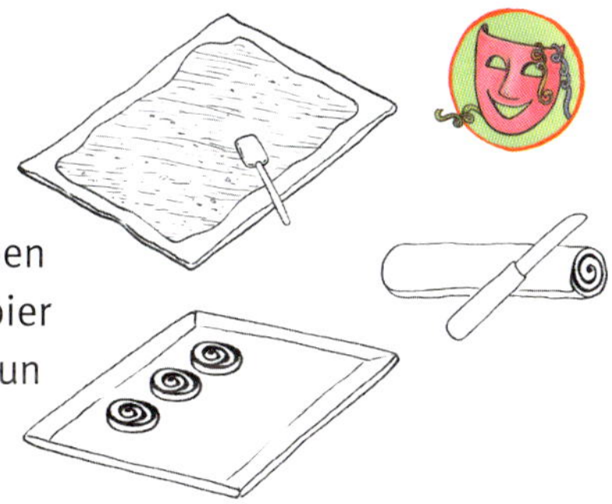

Nuss- bzw. Schokofüllung:

200 g gemahlene Haselnüsse oder Mandeln, 80 g Zucker, 3 EL Crème fraîche oder süße Sahne und die gerriebene Schale ½ unbehandelten Zitrone miteinander vermischen. Für die Schokofüllung verwenden wir Schokoladencreme aus dem Glas.

Kleiner Zaubertrick:

Wir wickeln die Verpackung des Blätterteigs in ein hübsches Tuch und zaubern ihn mit einem Zauberspruch und unter Mithilfe der Kinder aus der Tüte. Langsam kommt die Teigrolle hervor, ein klein wenig können die Kinder auch daran ziehen und zupfen, bis der Teig schließlich auf der Arbeitsfläche liegt. Ein kleiner Spaß für die fleißigen Bäckergehilfen!

Backen mit Ein- bis Dreijährigen

Gute Planung ist beim gemeinsamen Backen mit Ein- bis Dreijährigen wichtig. Wir können die Kinder kaum allein lassen, um beispielsweise noch eine fehlende Zutat herbeizuholen. Auch ist die Aufmerksamkeitsdauer der Kleinen begrenzt. Durch gute Vorbereitung verkürzt sich die Beschäftigungszeit. Der Arbeitsablauf wird flüssig und damit nachvollziehbar. Die Kinder bleiben bei der Sache und wir gewährleisten permanente Präsenz und uneingeschränkte Zuwendung. Trotz sorgfältiger Vorarbeit ist es ideal, wenn eine Kollegin bei Bedarf im Hintergrund assistiert (··· Näheres zum Backen mit Kleinkindern in: Monika Lehner: Advent und Weihnachten feiern mit Ein- bis Dreijährigen, Don Bosco, München 2011).

- Einfache, gut funktionierende Back- und Kochrezepte wählen. Unbedingt vorher ausprobieren!
- Zutaten von guter Qualität kaufen (Eier frisch aus dem Bioladen!).
- Sämtliche Zutaten und Gerätschaften (Rührschüssel, Schneebesen, Teigschaber ...) vorbereiten und bereitstellen.
- Zutaten vorher abwiegen und jeweils in Schälchen füllen.
- Besondere Vorsicht mit rohen Eiern (Salmonellengefahr!)
- Arbeitsablauf gut und vorausschauend planen.
- Eine sichere Abstellmöglichkeit für nicht mehr benötigtes Gerät vorbereiten.
- Separater Arbeitsplatz, für Kinder räumlich klar erkennbar.
- Eventuell Backschürzen für die Kinder bereithalten.
- Zahlenmäßige Beschränkung der Mithelfer, empfohlen sind 3 bis 4 Kinder.

Beim gemeinsamen Backen machen kleine Kinder ganz elementare Erfahrungen. Erfahrungen, die auf den ersten Blick vielleicht gar nicht erwähnenswert scheinen. Doch gerade das macht ja das Lernen der Jüngsten aus: Sie erleben alle Dinge des täglichen Lebens neu, und alles ist ein Baustein zu ihrer Welterfahrung, zu ihrem Bild von der Welt. Nicht das ausgeklügelte pädagogische Angebot ist gefragt, sondern die Möglichkeit der Beobachtung und Teilnahme am alltäglichen Tun.

Das Faschingsfest als Höhepunkt

Seit zwei Wochen sind Verwandlung, Verkleidung, Schminken und Sich-aufmerksam-im Spiegel-Betrachten großes Thema in der Kita. Immer wieder wurde der geheimnisvolle Koffer herbeigeholt oder die Kinder bringen auch schon mal eigene Kostüme von zu Hause mit. Die lustigen Spiele, Lieder und Reime rund um Fasching und Karneval sind den Kindern geläufig und die Entstehung der kunterbunten Raumdekoration wurde mit Interesse und tätiger Mithilfe begleitet. Alles strebt auf das große Faschingsfest der Kita zu. Der Höhepunkt steht nun kurz bevor.

Festplanung – Gut vorbereitet ist halb gefeiert

Die emotionale Einstimmung der Kinder ist wichtig. Aber auch auf der praktischen Ebene bleibt allerhand zu tun. Gute Planung und Vorbereitung erweisen sich immer als beste Voraussetzung für einen gelungenen Festablauf.

Überlegungen zur Planung und Regie des Festablaufs

- Elterninformation – Plakat und ggf. Infozettel erstellen.
- Sollen die Eltern eingebunden werden und wie?
- Was bieten wir zu den Festmahlzeiten an?
- Beteiligen wir die Kinder in der Backstube oder Küche?
- Welche Lieder und Spiele bieten wir am Festtag an?
- Welche Angebote können bei Zeitnot ausfallen bzw. in den Tagen nach dem Fest angeboten werden?
- Ausreichend Personal einplanen (ggf. Eltern um Mithilfe bitten).
- Gute Vorbesprechung mit teilnehmenden Eltern (Programm, Kompetenzen, Zuständigkeiten).
- Gruppenbelegung organisieren: Teilnahme möglichst aller Kinder ermöglichen (Nachmittagskinder und Kinder mit anderer Tagesbuchung ggf. hinzunehmen).
- Festablauf in mehrgruppigen bzw. altersgemischten Kitas einfügen ggf. geschützten Rahmen (räumlich und personell) für die Ein- bis Dreijährigen bereitstellen.

- Rücksicht auf noch nicht stabil eingewöhnte oder sehr junge Kinder: Zuständigkeit für die Nestgruppe besprechen (⇢ *Rücksicht auf die Kleinsten,* Seite 93)
- Falls der Schlafraum für das Festgeschehen benötigt wird, Schlafmöglichkeit in einem separaten Raum vorbereiten (Büro/Personalraum).

Checkliste für die Festvorbereitung

- Tischdekoration in zweifacher Ausführung vorbereiten (nach der Brotzeit sind sowohl Tischtuch als auch Luftschlangen meist nicht mehr zu gebrauchen!).
- Bunte Servietten und ggf. bunte Pappteller besorgen.
- Einkauf und Vorbereitung der Faschingsmahlzeiten
- Evtl. Sekt, Orangensaft und alkoholfreie Getränke für die Eltern besorgen.
- Tanzsaal vorbereiten, Lichterketten und Musikgerät auf Funktionsfähigkeit testen.
- Elektrische Kabel sicher verlegen (Stolperfallen vermeiden und ungeschützte Steckverbindungen außer Reichweite der Kinder).
- Fotokamera und Akkus prüfen, Ersatzakkus bereitlegen, ggf. Bedienung mit Selbstauslöser testen.

Ankunft der kleinen Gäste – Ankommen lassen!

Das Faschingsfest findet in Kitas in der Regel vormittags statt. Die Kinder sind frisch und unternehmungslustig. Die Bringsituation ist in der Kita, gerade bei Ein- bis Dreijährigen, immer eine besonders sensible Phase: die Trennung von Mama oder Papa steht bevor, was selbst von gut eingewöhnten Kinder mal mehr oder weniger schmerzlich erlebt wird. Der Übergang von einer Bezugsperson zur anderen ist zu vollziehen, zudem müssen sich die Kinder in die Gruppe einfühlen und sich in das bereits laufende Spielgeschehen einfädeln. Die Kinder wechseln von einem Lebensbereich in einen anderen – dieser „Weltenwechsel“ verdient unsere ganze Aufmerksamkeit. Am Tag des Faschingsfestes gilt dies umso mehr: Einige Kinder werden im Kostüm und geschminkt von ihren Eltern in die Kita gebracht. Andere tragen ihre Verkleidungsutensilien in einem Täschchen verstaut bei sich und möchten sich erst später kostümieren – dabei helfen wir gerne. Wieder andere Kinder wollen sich partout nicht maskieren oder schminken lassen und kommen sozusagen ganz in „zivil“ zum Faschingsfest. Die ganze Bandbreite des kleinkindlichen Umgangs mit dem Faschingsthema ist erlaubt und willkommen! Die verkleideten Kinder werden in der dargestellten Figur wahrgenommen und benannt. *Jedes* einzelne Kind, ob mit oder ohne Kostümierung, wird herzlich begrüßt und gebührend bewundert. Auf keinen Fall sollten Sätze fallen wie „Schau mal, der Maxi hat sich so schön verkleidet ... und du nicht“. Das wäre sehr kränkend und manipulierend. Akzeptieren wir die Kinder in ihrem Umgang mit der Maskerade und lassen wir ihnen die Zeit und die Freiheit, die sie brauchen, um sich dem Faschingsthema anzunähern.

Zum Faschingsfest können die Kinder kostümiert kommen, müssen es aber nicht. Es wäre ein falsches Signal und mit Sicherheit kein gutes Fundament für späteren Spaß an der närrischen Zeit, würde den Kindern ein Kostüm ganz im Wortsinne „übergestülpt“. Bei Ein- bis Dreijährigen gilt in jedem Fall die Parole: Kein Maskenzwang!

„Vergessliche“ Eltern

Es kommt immer wieder vor, dass Eltern den Termin für das Faschingsfest vergessen oder sich keine Gedanken über ein Kinderkostüm gemacht haben. In diesem Fall greifen wir auf die bunten Stoffe aus dem Faschingskoffer und die Schminkstifte der Kita zurück und bieten den Kindern Verkleidungsmöglichkeiten an, ohne vor dem Kind ein Problem aus der Situation aufzubauen. Hier könnten Spannungen und Schuldgefühle entstehen, die auf einer Faschingsparty nichts zu suchen haben. Handelt es sich beim „Vergessen“ der Kita-Anforderungen bei den betreffenden Eltern um ein wiederkehrendes Ereignis, sollten wir dies eher im Rahmen eines Elterngesprächs thematisieren.

Verwandlung der Erzieherinnen

Die Erzieherinnen können sich schon vor der Ankunft der Kinder dezent verkleiden – hier reicht ein lustiges Hütchen oder ein roter Punkt auf der Nase als karnevalistisches Signal. Die Kinder müssen ihre Bezugspersonen jederzeit, besonders aber beim Ankommen, sofort erkennen können! Bei eventuell auftauchender Verunsicherung „entwandeln" sich die Bezugspersonen spontan.

Die fertige Kostümierung der Betreuerinnen und vor allem die Bemalung des Gesichts sollte stets im Beisein der Kinder geschehen. Die Verwandlung wird so für die kleinen Faschingsgäste nachvollziehbar und überdies ein großer Spaß.

Verunsicherung entsteht, wenn die Kinder unvorbereitet auf eigene Kostüme oder die Verkleidung der anderen stoßen. Auch Augenmasken bzw. generell Gesichtsmasken eignen sich nicht für Ein- bis Dreijährige, da sie sehr ängstigend wirken können. Erwachsene sollten sich keinesfalls bis zur Unkenntlichkeit schminken oder verkleiden und sowohl im Aussehen als auch im Habitus für die Kinder stets vertraut und gut erkennbar bleiben.

Sind Eltern mit zum Faschingsfest eingeladen, bitten wir auch sie, sich dezent zu verkleiden. Dies gilt auch für die Bring- und Abholsituation beim Faschingsfest.

Das Faschingsfrühstück – Jetzt geht es richtig los!

Ist die kleine Festgesellschaft komplett, gehen die Kinder mit Musik und einer Polonaise gemeinsam zur Faschingstafel. Der Frühstückstisch ist mit bunten Servietten und Luftschlangen einladend gedeckt ist. Über dem Tisch hängen Papiergirlanden, Luftballons, gebastelte Masken oder bunte Papierblumen.

Jedes Kind sucht sich einen Platz und bekommt einen lustig verzierten Krapfen oder ein buntes Zuckerbrot. Staunend erleben die Kinder die Herstellung des „Zaubertranks".

Wir singen unser Faschingslied oder sprechen einen passenden Reim, z. B. das „Hexenfrühstück" (··· Seite 56). Dann lassen sich die Kinder die besondere Mahlzeit in ungewohnter Atmosphäre schmecken.

Möglicherweise verläuft das Faschingsfrühstück etwas turbulent: Die Kinder sind rege damit beschäftigt, sich in ihrer Verwandlung darzustellen und die anderen Kinder zu bestaunen. Sie greifen eifrig nach den Luftschlangen und dabei wird manche Tasse umgeschüttet. In kürzester Zeit ist die schöne Tischdekoration dahin! Die Marmelade kleckert überall hin und die Fingerchen müssen immer wieder abgeputzt werden. Auf ein wenig Chaos an der Festtafel sind wir nicht nur durch die doppelt vorbereitete Tischdekoration, sondern auch und gerade mit unserer inneren Haltung eingestellt. Wir nehmen die Situation mit Humor und freuen uns am Spaß und der Ausgelassenheit der Kinder.

Es kann aber auch ganz anders kommen: Das Frühstück verläuft ruhiger als gewöhnlich, in fast beklommener Atmosphäre. Die Kinder wirken verunsichert und irritiert, weil heute in der Kita nichts so ist, wie sie es kennen und mögen – von Karnevalsheiterkeit keine Spur! Auch diese Stimmung nehmen wir mit Humor und Gelassenheit und hüten uns davor, den Kindern unsere Erwartungen aufzudrängen. Die Ein- bis Dreijährigen müssen sich erst einfinden in die veränderte Situation. Lassen wir den Kindern Zeit. Später bei Tanz und Spiel kommt bestimmt noch richtig Stimmung auf.

Kleine Kinder suchen und finden Sicherheit in bekannten, sich immer wiederholenden Abläufen. Wir sollten darauf vorbereitet sein, dass es beim Faschingsfest, trotz intensiver Vorbereitung, anfangs für die Kinder irritierend und alles andere als lustig sein kann, wenn alle plötzlich verkleidet sind und sich anders als gewohnt verhalten.

Lustiges Faschingstreiben mit Rückzugsmöglichkeit

Entspricht es der Stimmung der Kinder, darf und soll der Tag des Faschingsfestes eine ausgelassene Stimmung ausstrahlen – ein Tag außer Rand und Band, an dem die gewohnten Abläufe ein wenig durcheinandergeraten dürfen!

Bekanntes und Überraschendes

Während der intensiven Vorbereitungsphase hatten wir genügend Gelegenheit zu erspüren, welche Angebote besonders gut bei unseren Kindern ankommen. Genau auf dieses Repertoire greifen wir bei der Festgestaltung zurück.

Wir bieten während des Festes nur bekanntes und geläufiges Spiel- und Liedmaterial an. Der Tag des Faschingsfestes ist ungewöhnlich und aufregend genug! Dafür legen wir uns bei der Darbietung und Vermittlung der bekannten Lieder und Spiele besonders „ins Zeug“: ein Lied wird mit überschwänglicher Freude gesungen, eine Pantomime mit besonders komödiantischem Akzent dargeboten. Immer wieder benennen wir dabei die einzelnen, von den Kindern dargestellten Figuren und versuchen, diese kreativ ins Spiel mit einzubeziehen. Neben einer gelungenen Festgestaltung steht das intensive eigene Erleben der Kinder in ihrer Verkleidung und Verwandlung im Vordergrund.

Während des Faschingsfestes wird nur bekanntes und geläufiges Spiel- und Liedmaterial angeboten. Der Tag des Faschingsfestes ist für die Ein- bis Dreijährigen ungewöhnlich und aufregend genug!

Anzahl, Vielfalt und Dauer der Spiele soll auf ein verträgliches Maß beschränkt werden. Weniger ist hier mehr – wie so oft in der Arbeit mit kleinen Kindern! Im Team entscheiden wir aus der Situation heraus, welche Lieder und Spiele angeboten bzw. fallengelassen werden. Aufgeschoben ist nicht aufgehoben!

Zu den eingeübten Spielen und Tänzen darf aber auch – sparsam eingesetzt – die eine oder andere Überraschung hinzukommen. So lassen wir rund um die große Faschingsraupe etwa ein lustiges Spiel entstehen: der Hohlraum im Maul der Raupe wird heimlich mit bunten Papierkugeln oder Süßigkeiten gefüllt. Wer traut sich in die geheimnisvolle Öffnung zu greifen? Die Kinder werden einzeln hochgehoben und dürfen sich wagemutig eine Papierkugel, ein Schokoladenbonbon oder ein weiches Gummibärchen herausholen. Auch wir Erwachsene möchten natürlich etwas erhaschen. Aber „leider, leider!“ werden große Leute von der ansonsten sehr freundlichen Figur immer gebissen oder gepikst und gehen leer aus. Spielen wir diese Idee mit clownesker Übertreibung, wird daraus ein unvergesslicher Spaß für die Kinder.

Stimmung in der Balance halten

Gerade weil die Kinder nicht ihre gewohnte Sicherheit im bekannten Tagesablauf finden, sind sie erfahrungsgemäß etwas „aufgedreht“ und manchmal „überdreht“. Wir unterstützen und kanalisieren diese besondere Faschingsstimmung, beobachten aufmerksam die Reaktion der Kinder und achten dabei immer darauf, dass die Stimmung nicht „kippt“. Schnell könnte ein lustiger Tag sonst in Disharmonie und großen Jammer münden. Bei Bedarf schaffen wir für die Gruppe spontan eine gewohnte und ritualisierte Situation, etwa den Bodenkreis, bieten ein bekanntes und geliebtes Buch oder Spiel an und geben so den Kindern und damit dem ganzen Geschehen wieder „Boden unter die Füße“.

Vorausschauendes Vorgehen bei der Festdurchführung ist beim Feiern mit kleinen Kindern unerlässlich. So intensiv wir auf die Stimmung und Wünsche der Kinder eingehen, so sind wir uns auch stets der Grenzen der kindlichen Belastbarkeit bewusst. Gerade beim Faschingsfest gilt es, mit Besonnenheit das richtige Maß an Spielangeboten zu wählen und die Balance zwischen ausgelassenem Spiel und notwendigen Ruhephasen zu halten.

Alltagsinseln

Nach dem Faschingsfrühstück am Festtag haben die Kinder meist erst einmal das Bedürfnis nach „Alltag“. Sie

wenden sich im Freispiel ihren gewohnten Spielpartnern und -situationen zu. So erzeugen sie für sich ein Stück Sicherheit und Ausgleich im Durcheinander des Faschingsfestes.

Aufmerksam beobachten und begleiten wir die Dynamik in der Gruppe, sind sehr präsent und strukturieren die Feier mit allerlei Spielangeboten für die Festgesellschaft. Wir lassen den Kindern dabei die Zeit, die sie brauchen, um für ein weiteres Angebot bereit zu sein. Zwischen den vorbereiteten Liedern und Tanzspielen muss Freiraum bleiben, ob zum Rückzug oder einfach zum Toben. Lieber verzichten wir auf ein geplantes „Highlight", als die Kinder von einem lustigen Höhepunkt zum nächsten zu hetzen.

Während des lustigen Faschingstreibens beim Fest schaffen sich die Kinder zwischendurch „Alltagsinseln" – Rückzugsräume ins Sichere und Gewohnte.

Rücksicht auf die Kleinsten

Es kann durchaus geboten sein, sehr junge und ängstliche Kinder oder noch nicht vollständig eingewöhnte Kinder am Tag des Faschingsfestes zu Hause zu lassen. Dies ist wegen der Berufstätigkeit der Eltern allerdings oft nicht möglich. Bei Bedarf betreuen wir die Jüngsten deshalb geschützt in einer „Nestgruppe", nötigenfalls auch in einem separaten Raum. Im Rahmen der Vorbesprechung im Team erklärt sich eine Kollegin verbindlich zuständig für diese Aufgabe – ein gewissermaßen „unsichtbares" und doch sehr wichtiges Amt.

Im Festgeschehen richten sich unsere Angebote an die ganze oder eine altersspezifisch geteilte Gruppe – mit offenen Übergängen zwischen den verschiedenen Altersgruppen.

Die „Nestkinder" können am Faschingstreiben selbstverständlich nach Lust und Laune teilnehmen. Sollte es ihnen allerdings im wahrsten Sinne zu bunt werden oder ihre Mittagsmüdigkeit überfällt sie früher als gewohnt, werden sie von ihrer Bezugsperson aufgefangen, vielleicht sogar räumlich getrennt zum Schlafen gelegt. Mitten in den Wogen des Faschingsfestes finden die Kleinsten eine verlässliche Rettungsinsel.

Wir erspüren die Bereitschaft und die Bedürfnisse der Kinder, gerade auch gemäß ihrem jeweiligen Entwicklungsstand. Innerhalb der „Nestgruppe" finden die Einjährigen bei Bedarf ruhige und vertraute Beschäftigung, erfahren körperliche Nähe und damit Sicherheit.

Tanzsaal

Ein separater Tanzsaal ist für jedes Faschingsfest eine Bereicherung. Vielleicht lässt sich der Schlafraum hierfür kurzfristig umgestalten. Bei Ein- bis Dreijährigen wird der Tanzsaal zeitlich klar begrenzt und immer in der begleiteten Situation als „Programm-Punkt" angeboten (im Gegensatz zur freien Nutzung während des ganzen Festes).

Im abgedunkelten Raum hängen wir bunte Lichterketten und elektrisch beleuchtete Lampions auf. Eine ganz besondere Atmosphäre entsteht. Zunächst werden die Kinder die freie Fläche im Raum stürmisch und lustig tobend in Besitz nehmen. Die Tür hin zum hellen Gruppenraum bleibt halb geöffnet, so dass echte freiwillige Teilnahme und das selbstständige Hin- und Herwechseln zwischen schummrigem Tanzsaal und gewohnter, heller Umgebung möglich ist.

Ein CD-Player sorgt für die nötige Begleitmusik. Geeignet sind fröhliche Bewegungs- und Kinderlieder, auch passende Popsongs dürfen dabei sein. Für die Musikauswahl reicht als Kriterium „Hauptsache laut und lustig" allerdings nicht aus. Jedes Lied oder Musikstück sollte vorher auf Tauglichkeit geprüft werden. Wo die Möglichkeit besteht, sollte eine eigene Faschings-CD speziell für die Kita zusammengestellt werden. Hier kann man die einzelnen Titel passend und in einer sinnigen Dynamik aneinanderreihen, maximal fünf Stücke. Die Musik darf und soll sich wiederholen. Die Kinder tanzen umso fröhlicher, wenn sie die Melodien bereits kennen.

Beispiel einer passenden (und ausreichenden) Liedabfolge für den Tanzsaal:

- 1,2,3 im Sauseschritt
- Wir gehen jetzt im Kreise
- Ich möcht so gerne springen
- Ach wie bin ich müde

(Alle Lieder auf der Audio-CD „1, 2, 3 im Sauseschritt“ von Detlev Jöcker, Menschenkinder Verlag, Münster o.J.)

Wir tanzen zum Takt der Musik mit den Kindern im Kreis, gehen in die Kreismitte zusammen, um anschließend wieder fröhlich auseinanderzustieben. Unterschiedliche Rhythmen, langsam und schnell, laut und leise – die Musik gibt den Ton an! Wir greifen die Klänge spielerisch in der Bewegung auf, werden groß und klein, variieren das Tempo, wir hüpfen und galoppieren, krabbeln und kriechen, wir klatschen und stampfen.

Auch das freie Tanzen mit wiegenden und drehenden, fantasievollen Bewegung hat hier im Tanzsaal seinen Platz. Wir animieren die Kinder durch unsere Tanzfreude und unsere eigenen kreativen Tanzschritte und -bewegungen. Vereinzelt finden sich schon Tanzpaare unter den Kindern. Ein schüchternes Kind nehmen wir an die Hand, begleiten es und erleichtern ihm die Teilnahme am Geschehen. Sind die Kleinsten noch ein wenig wackelig auf den Beinen, nehmen wir sie auf den Arm und lassen sie so ein wenig vom Zauber des Tanzens erspüren.

Mittagstisch und Abschluss des Festes

Vom vielen Feiern – vom Toben, Tanzen und Spielen – haben unsere als Käferchen, Tiger und Prinzessinnen verkleideten Kinder dann bestimmt Hunger und Durst bekommen. Die Faschingstafel lädt mit frischen Servietten und Luftschlangen zum Festmahl ein. Die Kinder setzen sich und verzehren angenehm erschöpft ihre Faschingsmahlzeit. An diesem Tag ist alles anders und so kann auch gerne mal mit Fingern gegessen werden.

Bis auf kulinarische Besonderheiten verläuft der Mittagstisch ohne karnevalistische Akzentuierung. Ob Groß, ob Klein – nach dem Festetrubel können alle eine kleine Pause gut gebrauchen. Überdies neigt sich das Fest seinem Ende zu.

Das Faschingsfest in der Kita sollte in Ganztagsgruppen nicht länger als einen Vormittag lang dauern. Nach dem Mittagsschlaf brauchen die Ein- bis Dreijährigen wieder ihren ruhigen und gewohnten Tagesrhythmus.

Die Stimmung wird zum Abschluss des Festes „heruntergefahren" und langsam kehrt der normale Tagesablauf zurück. Nach dem Essen setzen wir uns noch einmal gemeinsam in den Bodenkreis, bringen die Kinder in die Balance und geben dem Fest einen klaren Schlusspunkt, wobei möglichst jedes Kind persönlich benannt wird. Auch die einzelnen Kostüme der Kinder lassen wir bei dieser Gelegenheit noch einmal abschließend Revue passieren.

Jedes Fest geht einmal zu Ende! Unser Faschingsfest soll sich jedoch nicht einfach verlaufen und zerstreuen. Wir sammeln die Kinder zum Abschluss noch einmal und beschließen den ereignisreichen Vormittag mit einem einfachen, aber klaren Akzent:

- Wir singen unser gewohntes Morgen- bzw. Begrüßungslied, bei dem alle Kinder reihum benannt werden. Die vertrauten Melodien und Abläufe werden von allen spontan und froh aufgegriffen.
- Gemeinsam singen wir ein lustiges Lied und werden dabei immer leiser, bis schließlich nur noch Geflüster zu hören ist. Ist es

ganz still geworden, ist auch das Fest erkennbar zu Ende.

- Wir bereiten aus farbigem Tonpapier kleine Kärtchen vor und hängen mit einem durchgefädelten Bändchen jeweils einen (noch nicht aufgeblasenen) Luftballon an, vielleicht sogar mit aufgezeichnetem Punktgesicht (Filzmarker). Zum Abschluss darf sich jedes Kind einzeln ein Kärtchen aussuchen, das wir „feierlich" mit dem Namen des Kindes versehen. Die Kinder nehmen das Luftballonkärtchen mit nach Hause, wo Mama oder Papa den Ballon aufblasen können – eine kleine Erinnerung an das Faschingsfest in der Kita.
- Im Kreis erzählen die Kinder von ihren Festeindrücken. Wir achten darauf, dass jedes Kind „zu Wort" kommt und auch die Kleinsten ihren Beitrag leisten können. Zum Abschluss reichen wir uns ringsherum die Hände. Mit dem Spruch „Wir reichen uns die Hände, das Fest geht jetzt zu Ende" beschließen wir das Faschingsfest.
- Jedes Kind darf sich vor dem Zähneputzen noch einen kleinen Nachtisch aus der Schürzentasche der Hexe oder aus dem Maul der Raupe nehmen und wird dabei mit einem freundlichen Gruß und einem Küsschen von der Erzieherin aus dem lustigen Faschingstreiben entlassen.

Jedes Kind soll sich zum Abschluss des Festes noch einmal persönlich wahrgenommen und angesprochen fühlen, bevor einige Kinder bald darauf abgeholt werden und die „Schlafkinder" behutsam abgeschminkt werden und sich für den Mittagsschlaf vorbereiten.

Fotografieren nicht vergessen!

Dokumentation und Wertschätzung

Im Karneval ist das Fotografieren besonders wichtig, da hier das einmalige „Anders-Aussehen“ der Kinder dokumentiert wird. Nach dem Kehraus lädt eine Fotogalerie überdies zum Nacherzählen und Nacherleben der Geschehnisse rund um das Faschingsfest ein. Auch die Eltern schätzen die Erinnerungen an den Fasching in der Kita. Neben Schnappschüssen und Stimmungsfotos werden auch Porträts von den einzelnen Faschingskindern gemacht. Vielleicht erwischt die Kamera die Kinder am Festtag noch vor dem Krapfenfrühstück und damit in noch intakter Schminke und Kostümierung. Wir sollten dabei auf keinen Fall vergessen, auch die unmaskierten Kinder zu fotografieren und damit als Person und als Gruppenmitglied unabhängig vom Festethema zu würdigen.

Neben diesen Einzelportraits, den „Staraufnahmen“ unserer Faschingskinder, bietet sich im Laufe des Festes bestimmt noch genug Gelegenheit für Schnappschüsse und ein Gruppenfoto mit allen Kindern und Betreuern als kollektives Erinnerungsfoto an diesen kunterbunten Tag (Selbstauslöser – vorher ausprobieren!).

Fotoatelier

Schon am Vortag des Faschingsfestes wird das Fotoatelier eröffnet. Helligkeit ist beim Faschingsfest meist eher rar, deshalb sorgen eine oder mehrere gut platzierte Lampen in der Fotoecke für das nötige Licht. Auf einer Wäscheleine wird als Hintergrund ein roter Theatervorhang aus Katzensamt drapiert. Schon kann es losgehen! Manche Kinder sind wahre Modellprofis, während sich die fotoscheuen Kinder erst langsam an die Kamera gewöhnen müssen.

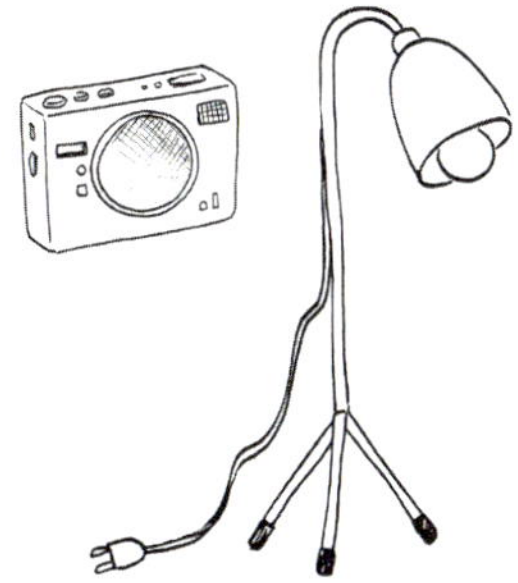

Fotogalerie

Aus stabiler Graupappe fertigen wir eine Fotogalerie, beispielsweise einen „Bilderschrank“, der außen mit bunten Kinderhänden bedruckt wird und in großen Lettern den Inhalt verrät: das Faschingsfest, den Namen der Kitagruppe und die Jahreszahl.

Auf die innere Fläche kleben wir gemeinsam mit den Kindern all die Fotografien, die während der Faschingsvorbereitung und beim Fest entstanden sind.

Sich selbst auf den Abbildungen zu entdecken, erfüllt die Kinder mit großer Genugtuung und Freude. Wir erzählen dabei kleine Anekdoten zu den Bildern und unterstützen die Kinder so in ihrem Nacherleben der Faschingseindrücke.

Die Kinder öffnen den Bilderschrank immer wieder und zeigen ihn gerne den Eltern, die hier auch die Möglichkeit der Foto-Nachbestellung finden. Nach ein bis zwei Wochen wird die Fotogalerie abgenommen, mit einem bunten Band verschnürt und aufbewahrt bis zum nächsten Jahr. Sie wird den Kindern dann als wertvoller Wieder-Einstieg ins Thema dienen – denn der nächste Fasching kommt bestimmt!

Kehraus und Ausklang

Nach dem großen Fest bleibt den Kindern bis zum Kehraus am Faschingsdienstag noch ein wenig Zeit, um ihren Erlebnissen nachzuspüren und langsam wieder in ihren gewohnten Kita-Alltag zurückzukehren. An den noch verbleibenden Faschingstagen kann das gesamte Repertoire, vom Schminken bis zu den einschlägigen Liedern, vom Verkleiden bis zu den Tänzen und Spielen je nach Wunsch und Situation wiederholt werden. Wir achten auf die Impulse der Kinder und greifen diese in unseren Angeboten bereitwillig auf.

Vielleicht bereiten wir erst jetzt zusammen mit den Kindern Popkorn, weil dies beim Faschingsfest zeitlich nicht mehr unterzubringen war (... obwohl es doch fest eingeplant war!). Was für ein Spaß, wenn die Maiskörner aufpuffen – und wie gut das schmeckt mit ein wenig Zucker!

Die Faschingszeit klingt langsam aus. Je näher das Ende rückt, umso weniger forcieren wir wilde Spiele in ausgelassener Stimmung. Die Kinder finden sich zwischendurch im Kreis ein und erzählen von ihren Kostümen und Faschingseindrücken. Vielleicht helfen die Größeren auch schon einmal, am Boden liegende

Luftschlangen in einen Papierkorb zu sammeln. Zwischen Rosenmontag und Faschingsdienstag darf im Gruppenraum der Aufräumdienst einmal ausfallen! So darf man am letzten Tag der „närrischen Zeit“ auch den Räumlichkeiten ansehen, dass ein rauschendes Fest stattgefunden hat. Das Fest war der Höhepunkt einer turbulenten Zeit, die allmählich ein wenig schal zu werden droht und ihrem Ende entgegengeht.

Das Konfettibild wird von der Wand genommen, zusammengerollt und unter tatkräftiger Hilfe einiger Kinder vor die Tür gebracht, eventuell zusammen mit den Luftschlangen gleich in die Altpapierbehälter gestopft. Wer sich traut, darf mit einer Stecknadel die Ballons im Luftballonbett zerstechen. Der Faschingskoffer wird sorgsam verschnürt und zurück in die Abstellkammer geschleppt. Mit all diesen Tätigkeiten wird das Ende dieser kunterbunten Phase im Kita-Jahr praktisch nachvollziehbar und für die Kinder zum Erlebnis.

Die Räume verwandeln sich langsam wieder in ihr ursprüngliches Aussehen und ganz zum Schluss kommt ein großer Besen und kehrt den Fasching, den Karneval, die Fastnacht hinaus aus der Kita. Ein letztes Mal nimmt jedes Kind beim Abholen eine Süßigkeit aus dem „Geheimfach“ der Raupe, der Hexe oder welcher Figur auch immer ...

Nachdem alle Kinder abgeholt wurden, lassen wir auch unsere große Faschingsfigur verschwinden, vielleicht ins Depot, wo sie geduldig auf ihren nächsten Einsatz wartet. Langsam befindet sich in der Kita alles wieder an seinem Platz und in der üblichen Ordnung. Wir öffnen die Fenster, lassen ein frisches Frühlingslüftchen herein und am nächsten Morgen finden die Kinder ihre Räume wieder wie gewohnt vor, so als ob nichts gewesen wäre.

... und die Kinder? Kinder lassen sich nicht einfach „abdekorieren“. Das turbulente Geschehen rund um Maskentanz und Rollenspiel wirkt noch ein wenig nach. Je besser das Thema vermittelt und von den Kindern verinnerlicht wurde, umso länger wirkt es nach. Die Faschingslieder erklingen immer wieder und so mancher Farbtupfer landet noch anstatt auf dem Papier fröhlich auf der Nase.

Dank

Vielen Dank an Bettina Saleki
für die fachlich und formal hilfreichen Anregungen und
die viele geschenkte Zeit.
Vielen Dank an Sepp Kalleder
für den Notensatz der aus dem Bauch heraus gesungenen Lieder.
Vielen Dank an Manfred Lehner
für die wunderbaren Fotografien und die Covergestaltung.
Vielen Dank an Antje Bohnstedt
für die einfühlsame Illustration der Bücher und Kamishibai-Bildkarten.
Vielen Dank an Hildegard Kunz
für das umsichtige Lektorat.
Vielen Dank an die Kolleginnen der Valleyer Kinderstube
für die Nachsicht, wenn meine Gedanken mehr beim Schreiben
als bei den Kindern waren.
Vielen Dank an die Kinder der Valleyer Kinderstube
für ihr geduldiges Mitmachen bei so manchem Fotoshooting.
Vielen Dank an alle kleinen Kinder,
die mir seit vielen Jahren und noch immer zeigen,
worauf es ankommt – nicht nur beim Festefeiern.

Zur Autorin

Monika Lehner, Erzieherin, seit über 25 Jahren in der Betreuung Ein- bis Dreijähriger tätig, leitet eine kommunale Kinderkrippe in der Nähe von München und gibt Fortbildung für Krippenpädagoginnen.

Ostern feiern mit Ein- bis Dreijährigen

Monika Lehner

Ostern feiern mit Ein- bis Dreijährigen

104 Seiten, farbige Illustrationen, Noten
ISBN 13 978-3-7698-1904-5

Staunend erleben schon die Jüngsten das erwachende Frühjahr, bemalen und verzieren mit Eifer bunte Ostereier und freuen sich auf den Osterhasen, der für jedes Kind ein Nestchen versteckt hat.

Mit Spielen und Liedern, Osterbackstube, einfachen Bastelideen, Tipps für die Elternarbeit und Gestaltungsvorschlägen für eine fröhliche Osterfeier

Mit Bildkarten Ostern erleben

Ostern feiern mit Emma und Paul

Bildkarten für unser Erzähltheater
EAN 426017951 064 9

- Ideale Ergänzung zum Werkbuch „Ostern feiern mit Ein- bis Dreijährigen“
- Bilfolgen im DIN-A3-Format
- Mit praktischer Bildübersicht und Textvorlagen
- Klarer Handlungsablauf, altersgerechte Gestaltung
- Für Krippe, Kindergarten, Eltern-Kind-Gruppe und Kinderkirche